Flug über den Niederrhein

Fotos
Corneel Voigt

Texte
Stefan Frankewitz

Herausgeber
Kulturraum Niederrhein e.V.

POMP

Fototechnische Hinweise

Filmmaterial:
Agfa Agfachrome RS 100 - Plus - 120

Luftbildkameras von
Hasselblad + Linhof
Objektive von Carl Zeiss

Flughöhe 1000 – 6000 ft.

Der Luftbildautor dankt den Piloten,
die ihn auf seinen fünf Flügen so vorzüglich
an die Objekte herangeführt haben:
Herrn Lorbeer (Flughafen Grefrath), sowie
Herrn Peter Ellwanger aus Essen,
und Stefan Frankewitz als „Pfadfinder"!

Drucktechnische Hinweise

Gedruckt wurde im 80er Raster auf
Heidelberg Speedmaster CP Tronic
Druckfarben: Hostmann-Steinberg, Celle
Druckplatten: Ozasol P 61, Kalle, Wiesbaden,
Niederlassung der Hoechst AG
Papier: 170 g/m^2, Printachromo matt,
Classen-Papier KG, Essen – Stuttgart – Hamburg

Umschlag vorne:
Kleve-Schenkenschanz

Umschlag hinten:
Schloß Bloemersheim
bei Neukirchen-Vluyn

1. Auflage November 1993
2. Auflage März 1995
3. Auflage September 1995

Fotos:
Studio Corneel Voigt, Elisabethstr. 31 – 37,
45139 Essen, Tel. 0201/216500
Texte:
Dr. Stefan Frankewitz, Straelen

Herausgeber:
Kulturraum Niederrhein e.V.
Bergwerkstraße
47445 Moers
Tel. 0 28 41 / 10 12 43
Fax 0 28 41 / 10 12 42

Lithografie:
Repro Wuchert Computer Publishing GmbH, Bochum
Druck:
Peter Pomp GmbH, Bottrop
Buchbinderei:
Hunke & Schröder, Iserlohn

ISBN 3-89355-089-5

Der Niederrhein zwischen Emmerich
und Rees im Gegenlicht ▷

Vorwort

Der „Blick von oben“ gibt Überblick auf das Land zwischen Rhein und Maas, zeigt topographisch Zusammenhänge und Trennungslinien am Niederrhein: ein mäandrierender Fluß von Deichen gesäumt, Altrheinauen, flaches Land, Endmoränen, Kopfweiden und Pappeln, Kirchtürme, Schlösser und Burgen, Parklandschaft mit Schafen und schwarzweißen Kühen, eine Landschaft wie von Hanns-Dieter Hüsch gemalt, aber darin eingebettet alte und neue Industriegebiete, Transitwege an der Rheinschiene, Verkehrsanbindungen von High Tech-Zentren.

Die Vogelflugperspektive zeigt den Niederrhein in seiner Gesamtheit und vielgestaltigen Einheit. Den Menschen dieser Region eine solche Gesamtsicht ihres Lebensraumes zu vermitteln, ihnen das bewußt zu machen, was städteübergreifend über alle kommunalen und staatlichen Grenzen hinweg verbindet, nämlich niederrheinische Heimat, ist Anliegen dieses Buches. Dieses Anliegen entspricht auch den Zielen und Aufgaben des **„Kulturraum Niederrhein e.V.“** – einer regionalen Initiative, die städteübergreifend arbeitet und sich als Schrittmacher und Impulsgeber für die Stärkung der kulturellen Identität und die Herausarbeitung eines eigenen kulturellen Profils unseres niederrheinischen Wirtschafts- und Lebensraumes im Wettbewerb der europäischen Regionen engagiert.

Der Initiativkreis, dem Privatpersonen, Unternehmen, Städte und Kreise des Niederrheins angehören, möchte das kulturelle Leben der einzelnen niederrheinischen Städte nach außen für die gesamte niederrheinische Region transparenter erscheinen lassen, neue kulturelle Akzente setzen und Aktivitäten initiieren, die den Niederrhein über seine Grenzen hinaus als Kulturraum eigener Prägung bekannt und attraktiv machen.

Der eindrucksvolle Fotoband, der den Niederrhein aus der Vogelschau zeigt, läßt erkennen, daß dieses europäische Grenzland eine Kulturlandschaft ist, die sich im Wettbewerb der Regionen sehen lassen kann. Das Buch soll dazu beitragen, den Bewohnern, Gästen und Reisenden den Niederrhein in seiner Vielfalt und seinem landschaftlichen Reichtum näher zu bringen und damit ein Stück niederrheinischer Identität zu stiften.

Klaus-Peter Kienitz
Vorsitzender des
Kulturraum Niederrhein e.V.

Der Niederrhein

Einleitung

Der Niederrhein – das ist der Rhein, der bei Stromkilometer 655 an der Beuler Brücke in Bonn beginnt und an Köln, Düsseldorf und Duisburg vorbei bis hinter Emmerich reicht, wo er bei Stromkilometer 865 Deutschland verläßt. Diese geographische Definition entspricht nicht dem, was man gemeinhin unter „Niederrhein" versteht, nämlich das Land beiderseits des Stroms vor der – oder bis zur niederländischen Grenze.
Doch wo beginnt dieses Land?
Nach der geographischen Definition eben an der Beuler Brücke – doch der Bonner wird sich genausowenig wie der Kölner als Niederrheiner fühlen.

Der geographisch definierte Niederrhein zerfällt in zwei Teile. Zum einen ist da die Niederrheinische Bucht, die nördlich der Eifel beginnt und bis zum Nordrand der Bördenlandschaft, deren Ausläufer nach Norden etwa auf der Linie Neuss-Mönchengladbach liegen, reicht. Der zweite nördlich anschließende Teil heißt Niederrheinisches Tiefland, das im Nordosten an das Münsterland und im Nordwesten an die Maas grenzt. Dieses niederrheinische Tiefland wird hier in aktuellen Luftaufnahmen vorgestellt.

Zur Geschichte des Niederrheins

Aus historischer Sicht bietet der Niederrhein kein in sich geschlossenes Bild, sondern eine virtuose Palette verschiedener Aspekte. Nicht erst zu Zeiten der Römer war der Rhein nicht nur ein Wirtschaftsweg von europäischer Bedeutung, sondern und vor allem Grenze. Von dem Legionslager Castra vetera bei Xanten aus hatten die Römer im Jahre 9 nach Christus versucht, auch das jenseits des Rheins gelegene Germanien zu erobern, doch das Unternehmen scheiterte in der berühmten Varusschlacht im Teutoburger Wald. Seitdem bildete der Niederrhein die nördliche Grenze des römischen Weltreichs. Auch nach dessen Untergang markierte der Niederrhein eine Grenzscheide, nun zwischen den Franken und Sachsen.
Bis kurz vor der Jahrtausendwende liegen weite Bereiche niederrheinischer Geschichte im Dunkel der Schriftlosigkeit. Dies ändert sich erst allmählich im hohen Mittelalter, als zunächst die Stifte und Klöster wie Mönchengladbach, Kamp und Xanten mehr und mehr darauf bedacht sind, ihre Rechte und Gewohnheiten schriftlich zu fixieren. So mancher Ort kann heute nur deswegen einen runden Jahrhundertgeburtstag feiern, weil sein Name – meist zufällig – zuerst in einer Urkunde eines Klosterarchivs genannt wird. Insbesondere ab dem 13. Jahrhundert setzt sich auch bei den werdenden Territorialherren die Schriftlichkeit durch. Von einigen wenigen Ausnahmen abgesehen datieren aus dieser Zeit auch die ältesten noch heute erhaltenen Bauwerke, die in diesem Buch zu finden sind.

Im 13. und 14. Jahrhundert wurde der Niederrhein durch die Territorialherren nachhaltig geformt, gestaltet und verändert. Die Ergebnisse dieser Epoche sind auch heute noch erfahr- und nachvollziehbar: In Kleve baute der Graf von Kleve seine romanische Burg weiter aus, die im Anschluß daran entstandene Burgsiedlung erhielt 1242 Stadtrechte. Zwar stehen aus dieser Zeit keine Häuser mehr in Kleve, der Stadtgrundriß aber läßt noch deutlich die alten Strukturen erkennen. Gleiches gilt für die ebenfalls klevischen Städte Kranenburg, Grieth, Griethausen, Kalkar, Uedem, Wesel, Orsoy und Sonsbeck. Ebenfalls im 13. Jahrhundert erhielten Xanten, Rees, Rheinberg und Kempen vom Erzbischof von Köln in seiner Funktion als Landesherr über das kurkölnische Territorium Stadtrechte. Auch bei diesen Städten hat sich der Grundriß unverändert erhalten. Der dritte große Landesherr am Niederrhein, der Graf von Geldern, privilegierte ebenfalls schon in der ersten Hälfte des 13. Jahrhunderts verschiedene Orte und beförderte sie damit zu Städten, doch das Zentrum seines Territoriums lag auf heute niederländischem Boden um Nijmegen und Arnhem. Unter seiner Landesherrschaft wuchsen am Niederrhein Geldern, Emmerich, Straelen und Goch zu Städten.
Neben beziehungsweise zwischen diesen drei Territorialherren vermochten sich einige wenige Adelige und Ritter zu behaupten.
Die Ansiedlungen vor ihren Burgen erlangten teilweise sogar städtische Rechte, jedoch nahmen diese Orte keinen großen wirtschaftlichen Aufschwung und blieben in ihrer Ausdehnung denkbar klein. Zu ihnen gehören Hüls bei Krefeld, Wachtendonk, Kervenheim, Alpen und Ringenberg. Allein der Graf von Moers nimmt hier eine Sonderstellung ein, denn er verstand es, sich zusätzlich ebenfalls ein kleines Territorium aufzubauen. Duisburg ist die einzige Stadt in unserem Raum, die ursprünglich dem Reich gehörte.
In der Folge zahlreicher Fehden und Erbstreitigkeiten im späten Mittelalter änderte sich oftmals die Stadtherrschaft, die Städte und Städtchen blieben aber bis heute Mittelpunkt der Siedlungstätigkeit.

Im frühen 17. Jahrhundert trat im Klever Territorium der Kurfürst von Brandenburg 1613 das Erbe der Herzöge von Kleve an. Dieser avancierte zum König von Preußen und konnte 1703 durch einen Feldzug Geldern hinzugewinnen. Allein im kurkölnischen Staat blieben auch im 18. Jahrhundert unter dem Erzbischof bis zum Einmarsch der Franzosen am Ende des Jahrhunderts die mittelalterlichen Verhältnisse bestehen.

Nach dem französischen Zwischenspiel wurden im Wiener Kongreß 1815 neue Strukturen geschaffen. Der nun zu Preußen gehörende Niederrhein wurde in die Kreise Rees, Kleve, Moers, Dinslaken, Duisburg, Geldern, Kempen, Krefeld und Gladbach eingeteilt. Bei der Wahl des Kreissitzes sind Kriterien, die auf die historische Bedeutung der Städte Rücksicht nehmen, nicht zu übersehen. Im 19. Jahrhundert fristete der Niederrhein ein eher beschauliches Dasein. Am Ende des Zweiten Weltkriegs war der Niederrhein Frontgebiet. Viele mittelalterliche Kirchen und unzählige, oft einige Jahrhunderte alte Häuser wurden zerstört. Emmerich, Kleve,

Kalkar, Xanten, Goch, Geldern und insbesondere Wesel waren nur noch riesige Trümmerhügel. Und das, was den Krieg überdauert hatte, fiel oft genug einer späteren Stadtkernsanierung zum Opfer. Trotzdem ist der Bestand an historischer Bausubstanz am Niederrhein immer noch sehr beachtlich – wie auch in diesem Buch zu sehen ist.

Der Niederrhein stellt sich heute als eine in sich geschlossene aber weltoffene, insbesondere grüne Region zwischen Rhein und Maas dar. Seine Nähe zu den Ballungszentren des Reviers läßt ihn für Zuzügler immer attraktiver werden.

Seit der Gebietsreform von 1975 gibt es am Niederrhein die nun wesentlich größeren Kreise Kleve, Wesel und Viersen und die kreisfreien Städte Duisburg, Krefeld und Mönchengladbach, die in ihrer Gesamtheit dem von uns in diesem Buch definierten Niederrhein ausmachen und im großen und ganzen auch dem eingangs genannten Begriff des Niederrheinischen Tieflandes entsprechen.

Der Niederrhein in der Literatur

In der klassischen Rheinliteratur, das heißt in den Reisebüchern insbesondere des 19. Jahrhunderts, die allein den Rheinfluß vom Bodensee bis zur Landesgrenze hinter Emmerich mit seinen unmittelbar angrenzenden Dörfern und Städten beschreiben, fällt der Niederrhein als Region völlig aus. Duisburg, Wesel, Rees und Emmerich werden in diesen Büchern vielleicht noch erwähnt, Xanten nur noch, weil es so bekannt ist, doch über die anderen kleinen Städte, die Burgen und die Landschaft selbst erfährt man so gut wie nichts.

Niederrhein – das war für George Forster 1791 allein Düsseldorf; der immer wieder gern zitierte Goethe kam 1814 gar nur bis Köln. Der bekannte Münchener Volkskundler Wilhelm Heinrich Riehl erwanderte zwar in seinen 1869 erschienenen „Wanderbuch" das Land zwischen Kempen und Goch, doch von einer Niederrhein-Literatur kann hier noch nicht gesprochen werden. Lange Zeit blieb der Niederrhein allein ein kaum bekanntes und nicht weiter erwähnenswertes Anhängsel der Rheinlande. Zwar beginnt die inzwischen ebenfalls klassisch gewordene Reihe „Die Kunstdenkmäler der Rheinprovinz" ab 1891 mit den Bänden über die Kreise Kempen und Geldern und bereits 1892 über die Kreise Moers und Kleve, also eben mit dem Niederrhein, doch für den Reisenden blieb dieser Teil des Rheinlandes auch weiterhin unentdeckt: „Das ist der Niederrhein von Kleve, Kalkar, Rees und Geldern, auch Xanten: den selten einer aufsucht, der nicht Viehhändler oder sonst diesem schweren Bauernland verbunden ist." Diese Charakterisierung unserer Gegend durch W. Schäfer ist noch in dem um 1930 erschienenen Buch von Will Hermanns mit dem Titel „Der schöne deutsche Rhein. Landschaft, Kunst und Kultur" zu finden, das sich allein auf vier von 255 Seiten mit dem Niederrhein beschäftigt.

Bereits zu jener Zeit aber lagen die ersten Bücher vor, die intensiv auch den Niederrhein behandeln. Von dem Buch „Die Baukunst am Niederrhein" von Richard Klapheck war der erste Band 1916 erschienen, 1919 folgte der zweite. Einige Jahre später gab derselbe Autor seine auf vier Bände konzipierte „Kunstreise auf dem Rhein von Mainz bis zur holländischen Grenze" heraus, deren vierter Teil „Von Köln bis zur Grenze" 1927 das Werk beschloß.

Neben diesen kunstsinnigen, eher an den Bildungsbürger gerichteten Werken erschienen ebenfalls noch vor 1930 die ersten Bücher über den Niederrhein, die sich dem Thema mehr literarisch zuwandten. Zu nennen sind hier das Kapitel „Am Niederrhein" in dem von Karl d'Ester in der dritten Auflage 1921 herausgegebenen Buch „Die Rheinlande. Ein Heimatbuch" sowie das ebenfalls um diese Zeit erschienene Buch „Der Niederrhein" von Ludwig Matenar.

Die nach dem Zweiten Weltkrieg und insbesondere ab den 60er Jahren erschienene Literatur über den Niederrhein ist schier unübersehbar geworden. Zu unterscheiden sind hier die Reise-Beschreibungen von den volkskundlich-historischen Betrachtungen nach dem Motto „So lebten sie am Niederrhein" und den Bildbänden, bei denen die Texte lediglich die Bilder knapp erklären und nicht als Illustration des Textes dienen sollen.

Die Übergänge zwischen diesen einzelnen Büchern sind natürlich fließend und es ist hier nicht der Ort, diesen Fragen weiter nachzugehen.

Luftbilder vom Niederrhein

Die insbesondere nach dem Zweiten Weltkrieg erschienene Literatur über den Niederrhein bedient sich hin und wieder und zunehmend der Luftbilder. Ihr Vorzug gegenüber den „herkömmlichen" Fotos ist bekannt. Luftbilder lassen Zusammenhänge deutlicher werden und beschönigen nicht durch geschickte Kamerastellung die abzulichtende Realität. Zudem liefern sie dem Betrachter eine neue und damit reizvolle Perspektive einer vermeintlich bekannten Welt. Dementsprechend finden sich Luftbilder nicht nur in reinen Luftbildbänden, sondern auch in anderen Bildbänden. Als Beispiele seien die Bücher von Franz-Josef Ebbert: „Der Landkreis Geldern. Geschichte, Landschaft, Wirtschaft" von 1967, von Ferdinand Oppenberg: „Am schönen Niederrhein" von 1975 und von Wilhelm Cuypers und Ruth Kaiser: „Niederrhein im Farbbild" von 1984 genannt, die eine ganze Reihe von Luftbildern beinhalten.

Auf der anderen Seite spielt der Niederrhein als eine in sich geschlossene Region in überregional ausgerichteten Luftbildbänden keine eigenständige Rolle. „Rheinland von oben" von Dieter Storp und Hans Rudolf

Harung aus dem Jahre 1960, „Rheinland und Westfalen. Städte und Landschaft im farbigen Lufbild" von Heinrich Comel aus dem Jahr 1967, der „Luftbildatlas Nordrhein-Westfalen" von Uwe Muuß und Adolf Schüttler von 1969 und das Buch von Gerhard Cordes und Dieter Glatthaar mit dem Titel „Nordrhein-Westfalen neu gesehen. Ein Luftbildaltlas in Farb-Senkrechtaufnahmen" von 1976 kennen zwar den Niederrhein, doch sind es jeweils nur eine Handvoll Aufnahmen, mit denen unsere Region in diesen Büchern vertreten ist.

Allein ein Luftbildband hatte sich bisher dem Thema Niederrhein verschrieben, das 1964 in erster Auflage erschienene Buch „Im Flug über den Niederrhein" mit Fotos von Albert Kardas und Texten von Ferdinand Oppenberg, das 1967 in leicht veränderter und erweiterter Form eine zweite Auflage erfuhr. Der längst vergriffene Bildband nimmt mit seinen siebenundsiebzig beziehungsweise sechsundachtzig Luftaufnahmen eine besondere Stellung in der genannten Niederrhein-Literatur ein.

Zu diesem Buch

Der nun vorliegende Bildband „Flug über den Niederrhein" steht also in der Tradition einer ganzen Reihe von Büchern, die sich in der einen oder anderen Art und Weise mit dem Niederrhein auseinandersetzen, und doch nimmt er eine Sonderstellung ein. Zum ersten Mal nämlich wird hier ein Bild der niederrheinischen Landschaft flächendeckend und allein mit den gegenüber herkömmlichen Fotos wesentlich informativeren Luftbildern gezeichnet.

Die Luftbilder selbst verschönern nichts, allein die Auswahl beschönigt vielleicht, denn - und das muß eigentlich nicht weiter ausgeführt werden - hier wird in erster Linie der Niederrhein gezeigt, wie ihn der Autor durch seine subjektive und historisch gefärbte Brille sieht. Es ist eben reizvoller, das Luftbild eines mittelalterlichen Stadtkerns, als das einer Neubausiedlung aus den achtziger Jahren unseres Jahrhundertes anzusehen und zu kommentieren!

Der vorliegende Bildband will aktuell sein und - wenn er einmal historisch geworden ist - ein Dokument für seine Zeit sein. Deshalb wurden alle Aufnahmen - bis auf Bild 86, das im Jahre 1981 gemacht wurde - in den letzten anderthalb Jahren zwischen April 1992 und September 1993 eigens für dieses Buch angefertigt.

Der Niederrhein 1993, das sind die mittelalterlichen Stadtkerne, die romantischen Herrenhäuser und trutzigen Burgen und die vielfach variierenden Landschaftsbilder der Kulturlandschaft zwischen Rhein und Maas, die zunehmend aufgrund der Erweiterungen von Siedlungsflächen und Industriegebieten und des damit verbundenen Straßenbaus rasanten Veränderungen unterliegt.

2 Der Containerhafen in Emmerich

Am östlichen Rand des mittelalterlichen Stadtkerns findet sich der erste Hafen am Rhein mit Container- und Huckepackumschlag. Seit der Inbetriebnahme der Aumund-Containerbrücke und der Aufnahme des direkten Seeverkehrs mit der englischen Stadt Hull im September 1987 ist Emmerich auch ein Seehafen, der noch weiter ausgebaut werden soll.

◁ 1 Emmerich

Emmerich ist die letzte deutsche Stadt vor der Grenze zu den Niederlanden. Ihre Entstehung verdankt sie dem St. Martinistift, in dessen Schatten sich eine Siedlung bildete, die 1233 von Graf Otto von Geldern die Stadtrechte erhielt. 1355 mußte der Herzog von Geldern die Stadt dem Grafen von Kleve verpfänden, und da das Pfand nicht eingelöst wurde, blieb die Stadt klevisch. „Embrica decora", eine „Zierde" des klevischen Landes wurde die Stadt im 17. Jahrhundert genannt. Der Zweite Weltkrieg legte sie in Schutt und Asche; von den historischen Gebäuden wurden die Martinistiftskirche am linken, westlichen Stadtrand und die Pfarrkirche St. Aldegundis am rechten Stadtrand wieder aufgebaut.
Mit der Einweihung der mit fünfhundert Metern längsten Hängebrücke über den Rhein im Jahre 1965 begann eine neue Epoche in der seit 1975 zum Kreis Kleve gehörenden Stadt.

3 Schlößchen Borghees bei Emmerich

Nordwestlich von Emmerich steht am Waldrand und in einem kleinen Park das Schlößchen Borghees, das ursprünglich dem Stift Elten gehörte und über verschiedene adelige Besitzer an die Familie van Ryckers kam. 1737 ließ Wilhelm van Ryckers das heutige Haus mit hohem Walmdach und malerischem Turm an der Ostseite neu erbauen. 1964 erwarb der damalige Kreis Rees das Anwesen, und über den Kreis Kleve kam es an die Stadt Emmerich, die Borghees gerne als „gute Stube“ und kulturelle Begegnungsstätte nutzt.

4 Hochelten bei Emmerich

Fast einhundert Meter hoch über einem Altrheintal und nicht weit vom heutigen Rheinlauf entfernt liegt die alte Stiftskirche von Hochelten. Hier gründete um 960 Graf Wichmann von Hamaland ein hochadeliges Stift, von dem heute nur noch ein Teil der bedeutenden romanischen Kirche aus der ersten Hälfte des 12. Jahrhunderts erhalten ist. Bereits 1585 war das Stift zerstört worden und blieb über Jahrzehnte als Ruine liegen. Erst zwischen 1671 und 1677 stellte man die Kirche in verkürzter Form mit einem neuen Chor in gotischen Formen wieder her. Das 1945 schwer beschädigte Gotteshaus konnte bis 1967 mit niederländischer Hilfe – Elten stand bis 1963 unter niederländischer Verwaltung – restauriert werden.

5 Kleve ▷

Mittelpunkt und Zentrum sowohl der mittelalterlichen Grafschaft wie auch des modernen Klever Landes war und ist die bekannte Schwanenburg, die sich auf einer „Klippe“ hoch über einem Altrheinarm erhebt. Der mächtige Bergfried, der Schwanenturm, mit seinen vier kleinen Ecktürmen von 1453 und der langrechteckige Spiegelturm mit Walmdach von 1429 innerhalb der Ringmauer bestimmen die Silhouette der Burg und der Stadt. Obschon der romanische Palas bereits 1771 abgebrochen wurde – er stand rechts an der Stelle des Parkplatzes und bildete mit den anderen Gebäuden einen weiteren Hof – gehört die Schwanenburg zu den imposantesten Höhenburgen des Rheinlandes.

6 Die Parkanlagen in Kleve

Nach dem Umzug des klevischen Hofes in die neue Residenzstadt Düsseldorf in der ersten Hälfte des 16. Jahrhunderts erlebte Kleve erst mehr als einhundert Jahre später eine neue Blüte, als Johann Moritz von Nassau-Siegen hier 1653 einen Terrassengarten anlegen ließ und den Ruf Kleves als Gartenstadt begründete. Seitdem sind durch die Jahrhunderte immer wieder an den umliegenden Parkanlagen Erweiterungen oder Veränderungen vorgenommen worden.
Das Bild zeigt den dem sogenannten Amphitheater vorgelagerten Kanal mit begleitender Lindenallee, der genau auf den Kirchturm der Stiftskirche auf dem Eltenberg ausgerichtet ist. Die rechte der beiden Inseln im Vordergrund wurde nach einer zeitgenössischen, um 1680 entstandenen Ansicht des Parks rekonstruiert.

7 Die Schleuse bei Wardhausen

Einen direkten Anschluß an die Rheinschiffahrt erreichte die Stadt Kleve um 1410 durch die Anlegung des Spoy-Kanals, der bei Wardhausen den Rhein erreicht. Im Dreißigjährigen Krieg wurden Kanal und Schleuse zerstört, doch 1647 bemühte man sich bereits um eine Wiederschiffbarmachung. 1908 bis 1910 baute man den Kanal für Dreihundert-Tonnen-Kähne aus.
Unser Bild zeigt den Kanal von links von Kleve kommend mit der Schleuse. In dem runden Buschwerk am oberen Bildrand verbirgt sich das bekannte Denkmal für die 1809 im Rhein ertrunkene, siebzehnjährige Johanna Sebus, die bei dem Versuch, eine Familie zu retten, selbst umkam. Noch in demselben Jahr setzte ihr Goethe in Jena ein literarisches Denkmal, das 1811 von Friedrich Zelter vertont wurde. Das steinerne Denkmal ließ ihr Napoleon errichten.

8 Griethausen – alte Hafenstadt am Rhein

Griethausen wurde 1364 vom Grafen von Kleve gegründet und erhielt 1373 Stadtrechte. Die Gründungsstadt gibt ihr relativ junges Alter durch das rechtwinklige, regelmäßige Straßenkreuz zu erkennen. Die malerische Kirche wurde um 1400 fertiggestellt. Vor der Stadt sollte ein Rheinzoll für den Grafen von Kleve erhoben werden, der auch der jungen Ansiedlung bald reiches Wachstum beschert hätte, wenn sich der Rhein nicht zu Beginn des 15. Jahrhunderts ein neues Bett gesucht hätte. So aber wuchs das Städtchen nicht über seine Anfänge hinaus. Links neben der Straßenbrücke ist als technisches Denkmal die insgesamt fast fünfhundert Meter lange Eisenbahnbrücke der 1865 eröffneten Eisenbahnlinie von Kleve nach Elten und Zevenaar zu sehen. Die Brücke hatte die Gutehoffnungshütte in Oberhausen-Sterkrade gebaut und gilt als älteste stählerne Flußbrücke Westdeutschlands. Sie sollte unbedingt erhalten werden, auch wenn hier seit Jahren kein Zug mehr fährt.

9 Warbeyen

Typisch für die Landschaft rechts und links des Rheinlaufs sind die vielen kleinen Dörfer mit ihren alten Pfarrkirchen. Mit ihrer Hilfe ist heute noch nachvollziehbar, welchen Weg die Christianisierung genommen hat. Warbeyen, zwischen Kleve und Emmerich gelegen, wird bereits 965 erstmals genannt und lag bis 1318 rechtsrheinisch.
Die ursprünglich nur einschiffige Kirche des 14. und 15. Jahrhunderts mit dem erst 1899 hinzugefügten Westturm birgt im Innern eine qualitätvolle Ausstattung.

10 Schenkenschanz

Als sich vor rund vierhundert Jahren Rhein und Waal hier trennten, erbaute der in niederländischen Diensten stehende Martin Schenk von Nideggen im Zwickel der beiden Flüsse 1586 eine mächtige Schanze, die nach ihm benannt wurde. Bis 1635 blieb sie uneingenommen – und die dann notwendig gewordene Rückeroberung nahm neun Monate in Anspruch. Bedingt durch die Rheinverlagerungen ging die Bedeutung der Schenkenschanz zu Beginn des 18. Jahrhunderts ganz rapide zurück, und seitdem ist die Schenkenschanz ein stilles Dorf in der Nähe des Rheins.

11 Das Fort bei Pannerden

Wenn der Rhein Deutschland hinter Emmerich bei Stromkilometer 865 verlassen hat, teilt er sich auf niederländischer Seite und fließt als Waal nach Nijmegen und als Pannerdensch Kanaal nach Arnhem. Im Zwickel der sich teilenden Wasserstraße liegt an strategisch wichtiger Stelle ein ehemaliges Fort, das in dieser Gestalt im 19. Jahrhundert erbaut wurde.

12 Die Doornenburg

Zu den schönsten und beeindruckendsten Burganlagen der Niederlande gehört die nur wenige Kilometer hinter der Grenze gelegene Doornenburg. Die in dieser Gestalt wohl im 14. Jahrhundert erbaute Hauptburg wurde noch im März 1945 von Deutschen gesprengt, von 1948 bis 1964 aber vollständig wieder im alten Stile aufgebaut.

13 Die Bundesstraße 9 in der Düffel

Aus einer Zeit des bedingungslosen Fortschrittglaubens stammt der Neubau der Bundesstraße 9 durch das großartige Bruchgebiet der Düffel. Der Zerschneidung und Zerstörung dieser einzigartigen Landschaft, in der alljährlich Tausende von Gänsen überwintern, ist inzwischen Einhalt geboten worden. Die Weiterführung nach rechts in Richtung Kleve wurde gestoppt, doch die Abfahrt vom Kreisel zeigt deutlich, in welche Richtung die Straßenbauer weiterdachten.

14 Kranenburg

Um 1227 gründete der Graf von Kleve im „Bruch der Kraniche" eine Burg, in deren Schatten sich ein Ort entwickelte, der 1294 erstmals Stadt genannt wird. 1340 bestätigte der Graf die Stadtrechte. Die Burg ist längst verschwunden, geblieben ist die Stadt an der Straße von Kleve nach Nijmegen. Den Verlauf der zum Teil noch erhaltenen Stadtmauer markieren die großen Bäume, links sind zwei Stadttürme zu erkennen.
1308 fand man bei Kranenburg ein wunderbares Kreuz, das in der dortigen Kirche verehrt wurde. Die Wallfahrt zu diesem Kreuz nahm derart zu, daß zu Beginn des 15. Jahrhunderts die große, jetzige Pseudobasilika erbaut werden mußte, die zu den bedeutendsten Kirchenbauten am Niederrhein gehört.

15 Der Reichswald

Zwischen Kleve und Nijmegen erstreckt sich der Reichswald, der – wie der Name schon sagt – dem Reich, dem König gehörte. Hier ging der König auf Jagd, wenn er auf seiner Pfalz in Nijmegen wohnte.
Trotz schwerer Kriegsschäden gehört der Reichswald noch heute zu den großen staatlichen Waldungen in Nordrhein-Westfalen. Das Bild zeigt den Feuerwachtturm im Jagen 79, im Hintergrund sieht man die auf niederländischer Seite gelegene Rodungssiedlung Grafwegen.

16 Zyfflich

Zu den großen geschichtsträchtigen Orten am Niederrhein gehört Zyfflich, ein Haufendorf in der Düffel nordwestlich von Kranenburg. Seine Entstehung verdankt der Ort einem um das Jahr Tausend gegründeten Klosters, in dessen Kirche sich der Stifter, Graf Balderich von Uplade 1021 begraben ließ. 1436 wurde das hier etablierte Kollegiatstift nach Kranenburg verlegt. Nach schwerer Kriegszerstörung 1945 wurde die Kirche akribisch untersucht, und es stellte sich heraus, daß noch wesentliche Teile des ottonischen Gründungsbaus im Bereich des Mittelschiffs erhalten waren. Diesen Befunden trug man beim Wiederaufbau Rechnung, freilich nur im Innern, denn äußerlich vermittelt die Kirche wieder einen gotischen Eindruck.

17 Niel

Schon 770 wird der Ort Nielo erwähnt, der in der Landschaft liegt, die Düffel genannt wird und die bis 1473 zum Herzogtum Geldern gehörte. Die heutige, ursprünglich einschiffige Kirche stammt aus dem 15. Jahrhundert. Das an ein Haufendorf erinnernde Ortsbild ist für diese Gegend typisch, denn hier führte der Kristallisationspunkt Kirche nicht zu einer Anhäufung und Konzentration von Häusern.

19 Die Niersmündung bei Gennep ▷

Kurz hinter dem Städtchen Gennep mündet die Niers in die Maas. Im Zwickel der beiden Flüsse stand bereits im Mittelalter eine Burg, das Genneper Haus, auf dem der berühmte Norbert von Xanten geboren worden sein soll. Die Stelle, an der die Burg stand, wird durch das kleine Wäldchen markiert, das den Trümmerhügel überwuchert. Zu Beginn des 18. Jahrhunderts wurde das Genneper Haus zur Festung ausgebaut, deren Gräben und Wälle beiderseits der Niers noch zu erkennen sind.

18 Gennep

Kurz vor der Mündung der Niers in die Maas liegt das kleine Städtchen Gennep, das sich direkt an den Fluß anlehnt. Zuerst wurde die Stadt zum Herzogtum Geldern gerechnet, doch seit dem 15. Jahrhundert gehörte sie zum Herzogtum Kleve. Mittelpunkt des im Zweiten Weltkrieg stark zerstörten Ortes ist das malerische Rathaus mit Treppenturm aus der Mitte des 17. Jahrhunderts. Von der katholischen Pfarrkirche ist allein noch der Turm erhalten.

20 Goch

Die alte Weberstadt Goch an der Niers entstand als Stadt des Grafen von Geldern im 13. Jahrhundert. Bereits 1320 dienten die dortigen Statuten der Weberzunft als Vorbild für die zu errichtende Zunft in der Stadt Wesel.
Das Bild zeigt die Stadt von Süden, in der Mitte ist der Markt mit evangelischer Kirche und Rathaus zu erkennen, etwas weiter rechts steht das einzige erhaltene Stadttor, das Steintor aus dem 14. Jahrhundert. Links vom Markt erhebt sich die gotische Pfarrkirche St. Maria-Magdalena, deren Turm am 24. Mai 1993 unvermittelt einstürzte.

21 Der eingestürzte Kirchturm in Goch

Hohen dokumentarischen Wert besitzt diese Aufnahme, die noch am Tage des Einsturzes der Gocher Kirche am 24. Mai 1993 geflogen wurde. Noch liegt jeder Stein an der Stelle, wohin er geschleudert wurde. Nur wenige Tage später baute man einen Kran auf, um die baufällig gewordenen Teile der Kirche von oben langsam zu sichern beziehungsweise abzutragen.

23 Das Collegium Augustinianum Gaesdonck bei Goch ▷

Das wohl bekannteste Internat am Niederrhein ist das Collegium Augustinianum Gaesdonck südlich von Goch, das sich malerisch in eine große Schlinge des kleinen Baches mit dem Namen Kendel hineinschmiegt. Die Gaesdonk war ein 1406 aus der Stadt Goch nach hier verlegtes Augustiner-Chorherren- Kloster, das 1802 aufgehoben wurde. 1828 richtete man hier ein Hilfspriesterseminar ein und 1849 das noch heute bestehende Gymnasium. Von den ehemaligen Klostergebäuden ist allein die einschiffige Kirche als das Herz des weitläufigen Schulkomplexes erhalten geblieben. Dominierend sind aber die in den sechziger Jahren des 20. Jahrhunderts errichteten, nüchternen Zweckbauten.

22 Das ehemalige Kloster Grafenthal bei Goch △

Was der berühmte Altenberger Dom für die Grafen von Berg war, das sollte auch die Kirche des Klosters Grafenthal für die Grafen von Geldern werden, nämlich eine vornehme Grabeskirche. 1248 wurde das Kloster von Graf Otto von Geldern gegründet, und nicht nur er, sondern auch vier seiner Nachfahren im Amt fanden hier die letzte Ruhestätte. Nach Aufhebung des Klosters 1802 wurde zwar die Klosterkirche 1808 abgebrochen, das Hochgrab des Stifters aber blieb weitgehend erhalten und steht seitdem unter freiem Himmel. Von der weitläufigen Klosteranlage blieb die inzwischen restaurierte Klostermauer, das Torhaus und ein Taubenturm aus dem 18. Jahrhundert und zwei rechtwinklig aneinander stoßende Flügel des eigentlichen Klosters – rechts – erhalten.
Die beschauliche, von den Zisterzienserinnen gesuchte Stille, die die Anlage am Reichswald noch vor einigen Jahren umgab, ist quietschenden Kiesbaggereien gewichen, die erheblich das Landschaftsbild verändern. Bald werden auch freizeitbewußte Menschen diese Idylle für sich nutzen . . .

24 Die alte Kirche in Bedburg-Hau

Bedburg, das war im Mittelalter ein bekanntes Prämonstratenserkloster, das um 1135 vom Grafen von Kleve gegründet worden war und dem klevischen Haus für mehr als zweihundert Jahre als Grablege dienen sollte. 1509 wurde das Doppelkloster in ein weltliches Damenstift umgewandelt und zu Beginn des 17. Jahrhunderts verlassen. Die Kirche mit den Grabdenkmälern verfiel allmählich und wurde am Ende 18. Jahrhunderts bis auf den aus der Entstehungszeit stammenden Vierungsturm und dem Chor abgebrochen.

1901 baute man das Langhaus und die Querarme im Stile der Neuromanik wieder auf. Das ehemals hier aufgestellte Grabmal des Grafen Arnold II. von Kleve und seiner Frau Ida befindet sich seit Anfang des 20. Jahrhunderts in der Stiftskirche zu Kleve.

25 Pfarrkirche St. Antonius in Bedburg-Hau

Neben der alten, zum Teil noch romanischen Abteikirche verfügt Bedburg-Hau auch über einen der wenigen interessanten Kirchenneubauten am Niederrhein. Das regelrecht auf die grüne Wiese gesetzte Gotteshaus bildet ein Siebeneck und wurde 1986 bis 1988 von den Architekten Professor Dieter G. Baumewerd aus Münster und Paul Eling aus Wesel errichtet.

26 Rheinisches Landeskrankenhaus in Bedburg-Hau

Bei dem Namen der Gemeinde Bedburg-Hau denkt man meist nicht an das vom Grafen von Kleve um 1135 gestiftete Kloster Bedbur und auch nicht an den im 15. Jahrhundert auf dem Hau eingerichteten Antonius-Ritterorden, sondern an das Rheinische Landeskrankenhaus, dessen verschiedene Häuser in einem park- und waldähnlichen Areal versteckt liegen.

28 Golfplatz bei Schloß Moyland

Zu den kompakten Golfanlagen am Niederrhein gehört der Waldplatz bei Schloß Moyland. Die 9-Loch-Anlage auf 35 Hektar Fläche wurde 1988 eröffnet und wird zur Zeit von 470 Clubmitgliedern bespielt.

◁ **27 Schloß Moyland**

Die Großbaustelle an der Vorburg zeigt, daß dieses großartige Baudenkmal, das 1945 zerstört worden war und seitdem nur noch als Ruine ein Dasein fristete, für die nächsten Generationen gerettet ist. Allerdings wird hier nicht mehr ein privater Schloßbesitzer über hölzerne Fußböden durch die Zimmer schlendern, vielmehr werden Scharen von Besuchern durch galerieartige Hallen über Betonböden laufen, um sich wichtige Kunstwerke des berühmten Joseph Beuys anzusehen, der hier posthum „sein" Museum erhält. Aber auch Werke anderer Künstler des 20. Jahrhunderts werden hier eine neue Bleibe finden.
„Moyland", das bedeutet „schönes Land". In die Idylle des Niederrheins wurde der wehrhafte Bau zu Beginn des 14. Jahrhunderts errichtet und war klevisches Lehen. Der Gründungsbau mit seinen vier charakteristischen Ecktürmen steckt noch heute in dem im 19. Jahrhundert durch den Kölner Dombaumeister Ernst Friedrich Zwirner im neugotischen Stil umgebauten Schloß.

29 Louisendorf

Ein Dorf mit einem ganz besonderen Aussehen ist das kleine Louisendorf, das heute zur Gemeinde Bedburg-Hau gehört. Auch die Geschichte des Dorfes ist bemerkenswert. 1820 wurde es als Kolonistendorf gegründet und erhielt den Namen der Königin Louise von Preußen. Da sie zu jener Zeit 34 Jahre alt war, pflanzte man ihr zu Ehren in der Mitte der Dorfwiese einen Hain mit 34 Eichenbäumen.
Als 1860 bis 1861 im Mittelpunkt des Louisenplatzes die Kirche gebaut wurde, umgab man sie mit 34 Lindenbäumen. Um die besondere Eigenart des Dorfes zu erhalten, hat der Landeskonservator ein waches Auge auf Louisendorf geworfen.

30 Kalkar

Trotz größter Kriegszerstörung gehört Kalkar zu den schönsten Städten am Niederrhein. Der 1230 gegründete Ort erhielt 1242 Stadtrechte. Mittelpunkt der ovalen, in einem verlandeten Altrheinarm gegründeten Stadt ist der Marktplatz mit dem großartigen, 1436 bis 1445 errichteten gotischen Rathaus. Die Stadtpfarrkirche, durch eine Häuserzeile vom Markt getrennt, stellt neben dem Xantener Dom ein Juwel am Niederrhein dar, denn in ihr hat sich eine wahre Fülle spätmittelalterlicher Holzschnitzwerke erhalten.

Die hohe, flügellose Turmwindmühle am oberen Bildrand wurde aus den Steinen des in unmittelbarer Nähe abgebrochenen Hanselaerer Tores erbaut. Die der Stadt Kalkar im September 1993 zugesicherten 137 Millionen DM, die als Ausgleich für den gestoppten Weiterbau des schnellen Brüters fließen sollen, erlauben vielleicht die Rekonstruktion der Windmühle.

31 Das Atomkraftwerk Kalkar ▷
(Seite 31 oben)

Der Name Kalkar ist weit über den Niederrhein hinaus bekannt, weil hier fast zwei Jahrzehnte ein Atomkraftwerk direkt am Rhein gebaut wurde. Die Anlage ist mit den umlaufenden Gräben und der Betonmauer eine moderne Festung. Nach dem „Aus“ für den schnellen Brüter befischt nun der „Atomkraftwerkfischerverein“ mit derzeit vierundvierzig Mitgliedern den Graben. Im Hintergrund auf dem jenseitigen Ufer ist ein riesiger See zu sehen, der durch Auskiesung entstanden ist. Gerade hier ist die moderne niederrheinische „Fruchtfolge“ zu beobachten: Kühe – Kies – Fische.

32 Hönnepel

So klein das Dorf bei Kalkar auch sein mag, so groß ist seine Geschichte. Keimzelle der kleinen Ansiedlung war ein Hof, der dem 764 gegründeten Kloster Benain bei Valenciennes gehörte. 1240 übernimmt das Stift Xanten den Besitz. Bereits einige Jahre zuvor war das ebenfalls in Hönnepel gelegene Kloster in die Nähe von Deventer in den Niederlanden verlegt worden. Die heutige, zweischiffige Kirche – als einzige Kirche in Deutschland der heiligen Reginfledis, der ersten Äbtissin von Benain geweiht – wurde erst im 15. Jahrhundert errichtet.
Oberhalb der Kirche ist der Rest des mit Gräben umwehrten, 1335 erstmals genannten Hauses Hönnepel zu sehen, auf dem ein gleichnamiges Adelsgeschlecht wohnte.

33 Grieth am Rhein

Dem alten Städtchen Grieth am Rhein sieht man heute nicht an, welch bewegte Geschichte es vorzuweisen hat. Die vom Grafen von Kleve gegründete Stadt erhielt bereits 1250 Freiheiten von Kleve und Kalkar, 1254 folgte die förmliche Stadtrechtsverleihung. Seit 1336 wurde in Grieth auch ein Rheinzoll erhoben. Der am oberen Rand des Bildes spitz zulaufende Baublock zeigt, wo hier der Rhein im 17. Jahrhundert ein Stück Stadt weggerissen hat. Das nur einige hundert Einwohner zählende Städtchen ist heute Stadtteil von Kalkar.

34 Wissel

Klein aber fein – und sehr qualitätsvoll –, das ist die ehemalige Stiftskirche in Wissel, die 1167 erstmals genannt wird. Aus dieser Zeit stammt auch das heutige Bauwerk, der romanische Chor aber wurde zu Beginn des 15. Jahrhunderts durch einen gotischen ersetzt. Nur noch ganz selten liegt am Niederrhein der Friedhof – wie hier in Wissel – direkt um die Kirche. Zusammen mit den Bäumen und den ehemaligen Kanonikerhäusern macht er den Reiz und die Stimmung des Wisseler Kirchplatzes aus.

35 Der Wisseler See

Wenn es so etwas wie ein Freizeitdorf am Niederrhein gibt, dann zählt Wissel mit Sicherheit dazu. Das zu Kalkar gehörende Dorf mit der alten Stiftskirche verfügt über einen großen Baggersee, an dem man nicht nur wohnen und campieren, sondern auch baden, surfen und Boot fahren kann. Am 6. September 1993 freilich, als unser Bild entstand, war es für den Badebetrieb bereits zu kalt.

36 Der Sporthafen bei der Reeser Schanz

Gegenüber von Rees liegt bei Niedermörmter der Sporthafen an der Reeser Schanz. Der Name deutet an, daß hier einmal eine Schanze stand. Tatsächlich befand sich hier eine von Niederländern nach 1614 erbaute, stark befestigte Schanze, die als Brückenkopf über den Rhein diente. Während seiner Eroberungskriege kam der Sonnenkönig Ludwig XIV. am 17. Juni 1672 vor die Reeser Schanz, um von hier aus die gegenüberliegende Stadt einzunehmen.

37 Haus Aspel bei Rees

Bereits im 10. Jahrhundert stand hier eine Burg – freilich nicht an der Stelle des heutigen, schloßartigen Gebäudekomplexes, sondern auf der links davon liegenden, neun Meter hohen Insel, einer sogenannten Motte von dreißig Metern Durchmesser. Ein späterer Bau der Burg wurde 1470 abgebrochen und die Steine zur Ausbesseruung der Reeser Stadtmauer verwandt.
In der im 18. Jahrhundert zum Schloß ausgebauten Vorburg etablierte sich 1851 der Orden der Töchter vom Heiligen Kreuz, die hier ein Erziehungsheim unterhielten. Bis vor wenigen Jahren dienten die Gebäude unter anderem auch als Gymnasium der Stadt Rees. Heute ist in der weitläufigen Anlage ein Wohnheim für ältere Schwestern des besagten Ordens untergebracht.

REES

◁ **38 Rees**

Zu den ältesten Städten am Niederrhein gehört Rees, das 1228 vom Kölner Erzbischof Neusser Stadtrecht erhielt. Seit 1392 gehörte die Stadt zum Herzogtum Kleve. Keimzelle der Stadt war ein um 1000 von der Irmgardis van Aspel gegründetes Stift, dessen um 1245 erbaute Kirche – nach dem Xantener Dom eine der wichtigsten Kirchenbauten am Niederrhein – 1817 abgebrochen wurde und bis 1828 durch einen klassizistischen Bau ersetzt wurde. Nach schwerer Kriegszerstörung konnte das Gotteshaus aber zwischen 1956 und 1963 im Stile des frühen 19. Jahrhunderts wiederaufgebaut werden.
Das Luftbild zeigt in anschaulicher Weise den Umfang der mittelalterlichen Stadtauslage, von deren Befestigungsmauern noch einige im Vordergrund zu erkennen sind. Die schräg zum achsial ausgerichteten Markplatz verlaufende Rheinpromenade zeigt, daß der Rhein ein Stück der Stadt weggespült hat.

39 Ringenberg

Die Burg Ringenberg – um 1220 erbaut – wurde 1247 Lehen des Erzbischofs von Köln und 1257 an den Bischof von Münster verkauft. Durch Heirat gelangte sie dann an den Grafen von Kleve und bildete einen Teil des mittelalterlichen Ortes Hamminkeln. Zu Beginn des 14. Jahrhunderts wurde bei der Burg in der Isselniederung durch Holländer eine Bruchkolonie angelegt, die 1329 vom Grafen von Kleve Privilegien erhielt.
Die heutige Burg ist ein um 1660 errichteter Neubau über dem alten Grundriß. Im Zweiten Weltkrieg wurde die Anlage stark zerstört und blieb als Ruine liegen. Seit 1990 restauriert die Gemeinde Hamminkeln als Eigentümerin die Burg.

40 Brünen

Mittelpunkt des zu Hamminkeln gehörenden Dorfes ist die heutige evangelische Kirche, die ursprünglich dem Heiligen Petrus geweiht war und deshalb auf ein hohes Alter schließen läßt. Der Turm stammt aus der Zeit um 1230, das Gotteshaus selbst – zweischiffig und aus Tuffstein – wurde um 1500 errichtet. Weltlich gehörte das Dorf im Mittelalter zur Grafschaft beziehungsweise zum Herzogtum Kleve, aber auch der Bischof von Münster besaß hier Rechte – das nahegelegene Westfalen läßt grüßen.

41 Marienthal

Über die Grenzen des Niederrheins hinaus bekannt ist die Kirche in Marienthal, die als einschiffige Klosterkirche der Augustinereremiten 1345 erbaut wurde. Die meisten Klostergebäude wurden nach der Säkularisierung 1806 abgebrochen. Ihre Berühmtheit verdankt das malerische Kirchlein dem ab 1924 hier tätigen Augustinus Winkelmann, der als kunstsinniger Pfarrer junge Künstler nach Marienthal holte, die ihm hier ein Gesamtkunstwerk christlicher Kunst schufen. Insbesondere der Friedhof um die Kirche mit seinen vielen Grabsteinen, von denen jeder einzelne ein Kunstwerk ist, vermittelt einen nachhaltigen Eindruck von einer in Vergessenheit geratenden Welt.

42 Der Golfplatz im Weseler Wald

An der Grenze von Hamminkeln zu Schermbeck liegt in der Nähe von Marienthal der erst im Mai 1991 eröffnete Golfplatz im Weseler Wald. Die etwa 400 Mitglieder des Golfclubs müssen sich noch mit einer 9-Loch-Anlage begnügen, doch in absehbarer Zeit soll sie auf 18 Loch erweitert werden.

43 Wesel

Die älteste Stadt in der Grafschaft Kleve war nicht etwa Kleve, sondern Wesel, das im September 1241 Stadtrechte erhielt. Die aufstrebende Stadt am Rhein blieb die bedeutendste und größte im späteren Herzogtum Kleve. Seit 1407 war Wesel Mitglied der Hanse. Entsprechend ihrer überragenden Stellung am Niederrhein ließ die stolze Stadtgemeinde ab 1434 die große, fünfschiffige Willibrordi-Kirche errichten, die zu den bedeutendsten Sakralbauten des Niederrheins gehört. Allein ihre Ruinen wurden nach der vollständigen Zerstörung Wesels 1945 wiederaufgebaut, so daß auf unserem Bild praktisch nur sie, nicht aber die sie umgebenden Häuser an das späte Mittelalter und die Glanzzeit Wesels erinnert. Seit einigen Jahren ist man darum bemüht, auf dem Marktplatz hinter der Kirche das gotische Rathaus von 1455 mit einer Häuserzeile zu rekonstruieren.

44 Die Zitadelle in Wesel

Wesel spielte als Stadt bei einem wichtigen Rheinübergang immer schon eine strategisch wichtige Rolle. Zu Beginn des 17. Jahrhunderts erhielt Wesel dementsprechend eine neue, moderne Befestigungsanlage durch die Spanier. In brandenburgisch-preußischer Zeit wird dann vor der alten Stadt ab 1687 eine fünfseitige Zitadelle erbaut.
Mitten durch das erhaltene und zum Teil als Museum genutzte Gebäude führen heute die Bundesstraßen 8 und 58, die sich in der Mitte der Zitadelle kreuzen. Der Zugang von der Zitadelle zur Stadt wurde zu Beginn des 18. Jahrhunderts durch ein repräsentatives Tor des Hofbaumeisters Jean de Bodt gestaltet.

45 Blick in das Herz von Wesel ▷

Die Luftaufnahme zeigt deutlich den Chorumgang der evangelischen Willibrordikirche, der ursprünglich ein Kapellenkranz werden sollte – und die Baustelle auf dem Markt. Nach langen Diskussionen um den Wiederaufbau der Stadt wird hier wieder eine sechs Häuser umfassende Zeile entstehen. Herzstück wird die originalgetreue Rekonstruktion des 1455 begonnenen gotischen Rathauses sein, das – wie die Stadt auch – im Zweiten Weltkrieg völlig zerstört wurde.

46 Das Berliner Tor in Wesel

Mitten zwischen den meist nüchternen Nachkriegsbauten steht völlig isoliert das Berliner Tor, das ebenso wie die Zitadelle an Wesels Festungszeit insbesondere in preußischer Zeit erinnert. Als jüngstes Tor wurde es von dem Berliner Hofbaumeister Jean de Bodt zwischen 1718 und 1722 erbaut. Ein weiteres historisches Gebäude ist oberhalb des Berliner Tores zu sehen, die alte evangelische Kirche, die über nahezu quadratischem Grundriß mit Pyramidendach und bekrönender Laterne im Stile eines zurückhaltenden preußischen Barocks 1729 errichtet wurde.

47 Die ehemalige Eisenbahnbrücke bei Wesel

Die heute eher als mangelhaft zu bezeichnende Erschließung des Niederrheins durch die Eisenbahn könnte eine bessere sein, wäre die Geschichte anders verlaufen. Ab 1866 versucht die „Cöln-Mindener-Eisenbahn-Gesellschaft“ eine Verbindung von Hamburg über Wesel und Geldern nach Paris zu schaffen. Der Bau der Brücke bei Wesel über den Rhein zog sich bis 1874 hin. Da nur ein Jahr zuvor der Fernverkehr über die Brücke Duisburg-Friedrichsfeld zu rollen begann, war für die Bedeutung der Strecke von Wesel nach Geldern „der Zug abgefahren“. Nach der Kriegszerstörung wurde die Brücke dementsprechend nicht wieder aufgebaut.

48 Der Campingplatz auf der Karthäuser Grav-Insel bei Wesel

Wer von den vielen hundert Menschen, die hier campieren, weiß, welche Bewandtnis es mit dem eigenartigen Namen der Insel am Rhein westlich von Wesel auf sich hat? Der Name erinnert an das hier vom Herzog Adolf von Kleve 1417 gegründete Karthäuser-Kloster, das neue Grablege des herzoglichen Hauses werden sollte. Nach 1543 wählte Maria, Gattin des Herzoges Wilhelm III. von Kleve, die Kartause zu ihrer Grabstätte. Aufgrund der Lage vor den Toren Wesels diente das Kloster im 16. Jahrhundert als Stützpunkt für feindliche Soldaten. Aus diesem Grunde zerstörten die Weseler Bürger 1590 das Kloster.

49 Der Ölhafen bei Wesel ▷

Kurz vor der Einmündung des Wesel-Datteln-Kanals in den Rhein liegt südlich der Stadt der Weseler Ölhafen, der – ebenso wie das Hafenbecken im Vordergrund – regelrecht auf beziehungsweise in den Rhein- und Lippewiesen gebaut wurde.

50 Der Landeplatz bei Wesel

Wer weiß, wie schön die Welt – und insbesondere der Niederrhein – von oben aussieht, versteht die Begeisterung, mit der Motorflieger, Segler, Ultraleichtflieger und inzwischen auch Drachenflieger und Paragleiter ihrem Hobby nachgehen.
Das Bild zeigt den Landeplatz bei Wesel in unmittelbarer Nähe zum Rhein.

51 Schloß Diersfordt ▷

Nordwestlich der Stadt Wesel liegt in der Nähe der Bundesstraße 8 das Schloß Diersfordt. Wohl im 14. Jahrhundert wurde das adelige Haus am Rande eines alten Rheinarms errichtet und gehörte bis 1831 den insbesondere in klevischen Diensten stehenden Herren van Wylich. Der mittelalterliche Bau wurde 1598 und 1621 weitgehend zerstört, so daß in der Folgezeit der Ausbau zum Schloß erfolgen konnte. Mittelpunkt der heutigen Anlage ist die im Hof freistehende Schloßkapelle von 1775/76, die heute evangelische Kirche ist. Ihr über die Bäume herausragendes Türmchen wurde wie das Gotteshaus selbst nach der Kriegszerstörung bis 1951 wiederhergestellt.
Das Schloßarchiv zählt nicht nur wegen seiner über 1900 Urkunden zu den wichtigsten Privatarchiven am Niederrhein.

◁ **52 Xanten**

Ideeller Mittelpunkt des Niederrheins ist Xanten. Hier siedelten bereits in vorrömischer Zeit Menschen, die Römer unterhielten in unmittelbarer Nähe ein Legionslager auf dem Fürstenberg. Unter Kaiser Ulpius Traianus wurde eine einheimische Siedlung an einem Rheinarm von einer römischen Kolonie überbaut. Über einem Doppelgrab des dazugehörigen Gräberfeldes errichtete man im 4. Jahrhundert eine Totenmemoria aus Holz, die Keimzelle des heutigen Domes. Diese Toten erfuhren eine besondere Verehrung, so daß der Platz bald ad sanctos = zu den Heiligen genannt wurde, woraus sich der Name Xanten entwickelte.
Der Grundstein für die heutige, fünfschiffige Stiftskirche wurde 1263 gelegt, die drei Untergeschosse des Westbaus stammen noch von dem Vorgängerbau des 12. und beginnenden 13. Jahrhunderts.
Den Zugang zu der dem Dom umgebenden Stiftsimmunität vermittelt vom Markt her die Dionysiuskapelle aus der Zeit um die Jahrtausendwende mit der spätgotischen Michaelskapelle darüber.

53 Der Archäologische Park Xanten – APX

Gegraben wurde auf dem Gelände der einzigen nicht überbauten römischen Stadt nördlich der Alpen bereits im Mittelalter; damals allerdings ganz unwissenschaftlich einfach nur nach Steinen. Die ruhmreiche römische Stadt Colonia Ulpia Traiana von etwa 73 Hektar Größe war zum Steinbruch verkommen. Bereits am Ende des 3. Jahrhunderts war die Stadt in der beginnenden Völkerwanderungszeit zerstört worden, wurde wesentlich kleiner nochmals als befestigter Stützpunkt wiederhergestellt und bald nach dem Jahre 350 endgültig verlassen.
Erste systematische Ausgrabungen mit dem Ziel, die römische Zeit zu erforschen, setzten am Ende des 19. Jahrhunderts ein. Seit 1973 wird der östliche Teil der Stadt zu einem „Archäologischen Park“ ausgebaut, der im Zusammenhang mit einer großen Freizeit- und Ferienerholungsanlage entsteht. Da in dem Park römische Geschichte durch den Aufbau verschiedener Bauten, die man nur vom Grundriß her kennt, erfahrbar gemacht werden soll, weist man den Vergleich mit einem „Disney-Land“ weit von sich.
Unser Bild zeigt das zu einem Viertel wieder aufgebaute Amphitheater und das durch Baumanpflanzug kenntlich gemachte römische Straßennetz der Stadt.

54 Haus Fürstenberg

Zwischen Xanten und Birten liegt hoch über dem Altrhein das Haus Fürstenberg. Seit 1117 unterhielt die Abtei Siegburg eine „cella", aus der sich um 1200 ein Benediktinerinnenkloster entwickelte.
1586 wurde die Klosteranlage derart zerstört, daß die Insassen in das Kloster St. Agnes in Xanten umziehen mußten. Das Kloster aber blieb zunächst als Ruine stehen und verfiel. Die Türme der Klosterkirche wurden nach 1670 und 1691 erbaut. Etwa an ihrer Stelle erhebt sich heute die 1699 datierte Kapelle, die rechts vom Herrenhaus aus den Bäumen hervorlugt. Das Herrenhaus ließ sich 1843 ein Kreisdeputierter von dem berühmten Kölner Dombaumeister Ernst Friedrich Zwirner errichten.

55 Schloß Winnenthal

Zwischen Xanten und Alpen liegt an der Straße von Sonsbeck nach Wesel das Schloß Winnenthal, das wohl in der zweiten Hälfte des 15. Jahrhunderts als klevische Landesburg zum Schutz der südlicheren Teile des Territoriums gegründet wurde. Der Graf von Kleve hatte Großes mit der Burg vor, denn er wollte hier 1431 eine Stadt gründen. Allein die baumbestandenen Landwehren um das Schloß herum zeugen noch von dieser Absicht. Immerhin wurde Winnenthal 1399 und 1420 zum Witwensitz des gräflichen beziehungsweise herzoglichen Hauses Kleve bestimmt.
Im Zweiten Weltkrieg zerstört und nicht wiederaufgebaut stand das weitere Schicksal der Burg bis vor wenigen Jahren auf äußerst wackeligen Füßen. 1985 konnte mit der Rettung des Haupthauses begonnen werden, es ist an dem großen, hohen Walmdach zu erkennen. An dem Turm dahinter und den Nebengebäuden davor wird immer noch kräftig gearbeitet, wie die Aufnahme vom 17. Juni 1992 zeigt.

◁ **56 Die Bislicher Insel bei Xanten**

Zu den beliebtesten Landschaftsmotiven des Niederrheins gehören die Bislicher Inseln, eine malerische Flußlandschaft südöstlich von Xanten. Auf dem siebzig Meter hohen Füstenberg, der den Bislicher Inseln vorgelagert ist, errichteten die Römer das Legionslager Vetera I, von wo aus die römischen Truppen in die Schlacht im Teutoburger Wald geführt wurden. Das Lager wurde 70 nach Christus zerstört und nicht wiederaufgebaut. Stattdessen errichtete man ein zweites Lager im Bereich der Bislicher Inseln, das der Rhein aber im Mittelalter unterspülte und völlig zerstörte.

57 Uedem

Die heutige Gemeinde Uedem war im Mittelalter eine Stadt, die bereits 1318 als solche bezeichnet wird und 1359 vom Grafen von Kleve wichtige Privilegien erhielt. In französischer Zeit ab 1794 verlor der Ort die Stadtrechte.
Die Aufnahme zeigt den Stadtkern von Südwesten. Der rechteckig um die Kirche und den Markt verlaufende Straßenring verdeutlicht den ehemaligen Verlauf der Stadtmauer mit dem vorgelagerten Graben. Von der Befestigung ist allein ein Turm erhalten, die Schlüterei genannt, der an der Nordostecke der Stadt – oben im Bild – zu sehen ist. Auch Uedem wurde am Ende des Zweiten Weltkriegs fast völlig zerstört. Die Kirche ist – wie die meisten Bürgerhäuser – ein Neubau der Nachkriegszeit.

58 Weeze

Das Dorf Weeze gruppiert sich um eine alte, dem heiligen Cyriacus geweihte Kirche, deren Anfänge bis in die fränkische Zeit nachgewiesen sind. 863 besaß das Kloster Lorsch im Rheingau im Weezer Raum einen Hof. Später war hier das Stift Xanten begütert, über deren Besitzungen der Graf von Geldern und der Graf von Kleve Vogteirechte hatten. Ein in diesem Zusammenhang entstandener Adelssitz ist das Haus Hertefeld, das der Kirche gegenüber auf dem rechten Niersufer stand. Das 1322 zuerst genannte Haus wurde ebenso wie die Kirche 1945 zerstört. Während das Gotteshaus wieder aufgebaut wurde, blieb das Haus nur als Ruine erhalten, an das heute noch einige Mauerreste sowie Teile der ehemaligen Vorburg in dem gepflegten Park erinnern.

59 Schloß Wissen

Zu den größten und malerischsten Schloßbauten am Niederrhein gehört zweifellos das Schloß Wissen an der Niers, zwischen Kevelaer und Weeze gelegen. 1372 wird es erstmals genannt, wird aber – wie andere vergleichbare Häuser auch – sicherlich wesentlich älter sein. Im Mittelalter wohnte hier über mehrere Generationen die bekannte Familie van der Straten. 1461 wird die damalige Burg an die adelige Familie van den Loe verkauft, deren gräfliche Nachfahren auch heute noch auf dem Schloß wohnen. Wie man sieht, ist auch in diesem Bereich die Niers, die ursprünglich direkt an dem zum Teil noch aus dem 14. Jahrhundert stammenden Schloß vorbeifloß, verlegt und ihrer Romantik beraubt worden.

60 Schloß Kalbeck

Mitten im Kalbecker Busch liegt unweit von Goch das Schloß Kalbeck. Der Name ist etwas irreführend, denn die mittelalterliche Burganlage gleichen Namens stand etwa zwei Kilometer von hier entfernt. Als die alte, 1326 genannte Burg 1907 zum zweiten Male abgebrannt war, gründete man hier das neue Schloß mit hundertfünfundsechzig Zimmern im Stil der westfälischen Herrenhäuser des 18. Jahrhunderts. Wie man an den Flachdächern erkennen kann, nahm das Haus am Ende des Zweiten Weltkrieges größte Schäden. Die alljährlich im Park stattfindende Rosenschau zieht an den ersten beiden Sonntagen im Juli Hunderte von Menschen zum Schloß.

61 Wiesen an der Maas

Am westlichen Ufer der Maas bei Well befinden sich diese altertümlichen Hecken, die als natürliche Einfriedungen von Äckern und insbesondere Weiden vor einigen Jahrzehnten auch noch am Niederrhein zu finden waren. Die vielbeklagten Ernteeinbußen durch Schattenwurf sowie die mit großen Maschinen nicht rationell zu bewirtschaftenden Flureinteilungen führten insbesondere in den sechziger Jahren dazu, daß die Hecken bei uns in groß angelegten Flubereinigungsverfahren beseitigt wurden.

62 Die Burg Well

Unmittelbar an der Maas liegt das Dorf Well mit der gleichnamigen Burg, die im Mittelalter Mittelpunkt einer Herrlichkeit im Herzogtum Geldern war. Die Herrschaft wird bereits im 13. Jahrhundert genannt, die dazugehörige Burg taucht jedoch in den Quellen erst später auf. Ältester Teil der heutigen Burg ist der dicke Rundturm, der in seinen Untergeschossen noch aus dem 15. Jahrhundert stammt. Die übrigen Teile sind im 16. und 17. Jahrhundert erneuert worden.

63 Kevelaer

Die kleine Bauernschaft Kevelaer wird zwar bereits im 14. Jahrhundert genannt, den großen Aufschwung aber nahm das Dorf erst ab 1642 mit der nach dort einsetzenden Wallfahrt zu einem kleinen Gnadenbild der Luxemburger Madonna. Ausschlaggebend für die Wallfahrt war aber auch ein gegenreformatorischer Gedanke: Kevelaer gehörte zum katholischen Spanien, nur einige hundert Meter weiter aber begann auf dem jenseitigen Niersufer – sie fließt oben im großen Bogen durch das Bild – das reformierte Brandenburg, an das das Herzogtum Kleve 1614 gefallen war.

64 Im Herzen der Marienstadt

Vor lauter Bäumen sieht man nicht die schöne barocke Gnadenkapelle auf dem Kevelaerer Kapellenplatz, in der das Gnadenbild von 1642 verwahrt und verehrt wird. Dafür sind aber gut das Kloster der Oratorianer und die große, 1858 begonnene Wallfahrtskirche, die Basilika, zu erkennen. Aus den Bäumen des Kapellenplatzes schaut das lange Satteldach der 1643 bis 1645 erbauten Kerzenkapelle hervor, neben der rechts das vieleckige, offene Wallfahrtszentrum der am 6. Juni 1982 geweihten Pax-Christi-Kapelle zu sehen ist.

65 Alpen

Keimzelle des Ortes Alpen ist die gleichnamige Burg der Herren von Alpen, die im Mittelalter Mittelpunkt einer kleinen Herrschaft war, in der sogar Münzen geschlagen wurden. Von der durch ein Erdbeben unbewohnbar gewordenen und 1809 abgebrochenen Burg ist allein ein mächtiger, mit Bäumen bestandener Trümmerhügel erhalten, der am oberen Bildrand vor dem Tennisplatz und links vom Sportplatz zu sehen ist.

Die zu der Burg gehörende Siedlung wird bereits 1320 als Stadt bezeichnet. Diese Miniaturstadt umfaßte neben der Hauptstraße, die zur Burg führt, nur einige wenige Häuser. Die katholische Kirche im Vordergrund lag bereits außerhalb dieser Stadt. Die innerhalb der Befestigung gelegene, mit Zwiebelhaube und Laterne bekrönte Kirche wurde 1716 bis 1718 von einem italienischen Architekten erbaut und gehört zu den wenigen Barockkirchen am Niederrhein.

66 Haus Loo bei Alpen

Neben eindrucksvollen Schlössern gibt es am Niederrhein auch Ruinen alter Burgen, von denen heute nur noch einige Erdwälle Zeugnis ablegen. Das Haus Loo, nordöstlich von Alpen in der feuchten Niederung eines ehemaligen Rheinarmes gelegen, war im Mittelalter eine Burg, die sich zu Beginn des 14. Jahrhunderts im Besitz der Familie van Broekhuysen befand. Geblieben ist ein Hof mit einem klassizistischen, von einem Schinkel-Schüler erbauten Herrenhaus an der Stelle der ehemaligen Vorburg. An die eigentliche Burg erinnern heute noch in der Wiese vor dem Hof umlaufende Gräben und einige, meterhohe Wälle, die zum Teil mit Bäumen bestanden sind.

67 Am Rhein bei Voerde

In großen Schüben stößt der mächtige Kühlturm des Steag-Kraftwerks bei Voerde weiße Wolken in den Himmel, die bei klarem Wetter am ganzen Niederrhein bis zu vierzig und fünfzig Kilometern weit zu sehen sind. Sie zeigen an, ob sich ein Luftbildflug lohnt!

68 Haus Wohnung

Im alten Kirchspiel Götterswickerhamm am Rhein bei Möllen liegt im Schatten des mächtigen Steinkohlekraftwerks versteckt in einem Park das Haus Wohnung, das seit dem Ende des 14. Jahrhunderts ein Lehen des Grafen von Kleve war. Das Haus in seiner jetzigen Gestalt wurde 1707 im strengen barocken Stil ohne viel Schnörkel errichtet. Noch ganz im Stil der niederrheinischen Herrenhäuser aus der zweiten Hälfte des 17. Jahrhunderts erhielt das Haus zwei Ecktürme. Nach schweren Kriegsschäden von 1945 wurde der vordere Teil mit einem Turm jedoch nicht wiederaufgebaut.

69 Voerde

In Voerde liegt Haus Voerde, das als befestigter Adelssitz seine Entstehung wohl der hier vorbeiführenden, rechtsrheinischen Handelsstraße von Emmerich in südliche Richtung verdankt. Erwähnt wird es zuerst 1344. Gegen Ende des 15. Jahrhunderts besaßen das Haus die Herren von Capellen von dem nicht weit von hier liegenden Haus Wohnung. Heute beherbergt das Haus unter anderem das Standesamt der Gemeinde sowie ein Burgrestaurant.

70 Rheinberg

Rheinberg – das bedeutet Burg am Rhein. Der Rhein hat sich aber bereits im 17. Jahrhundert ein neues Bett gesucht, und die erzbischöfliche Burg in der Nordostecke der Stadt flog bereits 1598 in die Luft. Heute zeugt von ihr nur noch der imposante Turmstumpf eines Rundturms mit einem Durchmesser von sechzehn Metern.

Den Verlauf der ehemaligen Stadtmauer der seit 1233 mit städtischen Freiheiten ausgestatteten Siedlung markieren die um die Stadt führenden Baumalleen auf den zum großen Teil noch erhaltenen Wällen.

Die Silhouette des teilweise malerischen Stadtbildes wird leider durch den um 1956 errichteten Lagerhochhausbau mit weißen Ecken der Firma Underberg empfindlich gestört. Städtebauliche Dominanten auf dem von alten Bürgerhäusern des 17. und 18. Jahrhunderts gesäumten Marktplatzes bilden die Pfarrkirche mit dem seltenen Umgangschor aus der Zeit um 1400, das neue futuristische aber nicht unharmonische Rathaus von 1981 und das alte gotische Rathaus von 1449, dem die gründerzeitliche Villa mit Ecktürmen der Firma Underberg quasi Paroli bietet. Oben rechts steht in der Nähe des Walls eine evangelische Kirche.

71 Solvay

Rheinberg, das ist nicht nur Geschichte, sondern auch Industrie und Bergbau. Während unter dem benachbarten Kamp-Lintfort Steinkohle abgebaut wird, gräbt man hier seit dem Beginn des 20. Jahrhunderts nach Salz. Die Solvay-Werke, direkt an der Bundesstraße 57 gelegen, eröffneten ihren Betrieb 1905, nachdem ein Jahr zuvor mit der Eröffnung der Bahnstrecke von Duisburg nach Kleve eine günstige Vertriebsmöglichkeit bereitgestellt worden war.

72 Die Solvay-Werke bei Borth

Nicht nur Kohle, sondern auch das darüberliegende Steinsalz wird am Niederrhein abgebaut, wie hier in der Schachtanlage Borth I und II zwischen Alpen und Büderich. In den fünfziger Jahren förderte die Schachtanlage mit dem noch erhaltenen Förderturm in Form eines Doppelstrebengerüstes immerhin fast vierzig Prozent des in der Bundesrepublik gewonnenen Steinsalzes. 1905 begannen die Deutschen Solvay-Werke mit dem Abtäufen, doch erst 1925 konnte das erste Steinsalz zutage gefördert werden.

73 Die Fossaschleuse in Rheinberg

Die einzige erhaltene Schleuse der Fossa Eugeniana, des Kanals, der Rheinberg mit Venlo verbinden sollte, ist am nördlichen Stadtrand von Rheinberg zu finden. 1626 begannen die Kanalarbeiten, wurden aber schon drei Jahre später eingestellt. Aus dieser Zeit stammt die Schleuse, die damals direkt am Rhein lag, der hier bis 1668 vorbeifloß. 1982 sollte diese älteste Kanalschleuse des Rheinlandes abgebrochen werden, doch dank der Wachsamkeit engagierter Bürger wurde sie statt dessen bis 1984 wiederhergestellt.

74 Orsoy

Die kleine Stadt Orsoy liegt auch heute wie eh und je am Rhein. Bereits 1241 bestand hier ein Zoll des Grafen von Kleve, der den Ort um 1273 zur Stadt erhob. Innerhalb der Stadt besaß der Graf eine Burg, die auf dem bis heute unbebauten Areal der Nordostecke an der Rheinseite stand. Von der mittelalterlichen Befestigung ist neben einigen Mauerresten ein Eckturm erhalten, der später als Mühle ausgebaut wurde. Er ist auf dem Bild unten rechts zu sehen. Ab 1565 wird Orsoy zur neuzeitlichen Festung mit starken Bastionen ausgebaut. Trotz der Schleifung 1672 läßt sich ihre Gestalt am Verlauf der Promenaden um die Stadt noch bestens erkennen. Seit 1975 ist die kleine Festungsstadt Stadtteil von Rheinberg.

75 Duisburg-Ruhrort

An der strategisch günstigen Stelle, wo die Ruhr in den Rhein mündet, gründete 1371 der Graf von Moers mit Zustimmung Kaiser Karls IV. eine Zollstätte mit Burg. Im Anschluß hieran entwickelte sich eine kleine Stadt. 1712 wurde in Ruhrort die erste Werft gegründet. Weltberühmt ist der Ruhrorter Hafen, da er der größte Binnenhafen der Welt ist.
Das Bild zeigt das nördlich der Altstadt gelegene Hafenbecken und links den Rhein. Die großzügige Brückenauffahrt der Bundesstraße 60 zur Friedrich-Ebert-Brücke wird von zwei historisierenden Türmen von 1907 flankiert.

76 Die Eisenbahnbrücke Duisburg-Rheinhausen

1873 fuhren die ersten Züge über die von der Rheinischen Eisenbahngesellschaft gebauten Brücke von Hochfeld nach Rheinhausen. Von dieser Brücke steht nur noch ein Pfeiler mit zwei Türmen auf der linken, Rheinhausener Rheinseite. 1927 wurde hier die neue Brücke in Betrieb genommen, die nach der Kriegszerstörung 1945 vier Jahre später wieder eröffnet werden konnte.

77 Das Stahlwerk Rheinhausen ▷

1896 gegründet und keine hundert Jahre gearbeitet. Am Sonntag, dem 15. August 1993, kam das endgültige Aus für das traditionsreiche Krupp-Stahlwerk in Rheinhausen, wo in Spitzenzeiten 16.000 Menschen arbeiteten. Noch 1987/88 demonstrierte die Belegschaft in dem 160 Tage währenden, längsten Arbeitskampf der deutschen Nachkriegsgeschichte um den Erhalt des Werkes, doch nun ist das Schicksal der Anlage und seiner zuletzt nur noch 2.100 Menschen zählenden Belegschaft besiegelt.

RAG Bergwerk Rheinland

◁ 78 Pattberg

Die Zeche Pattberg in Repelen an der Autobahn 42 trägt nicht ihren Namen von dem daneben gelegenen Berg, der noch links im Bild zu sehen ist, sondern ist benannt nach Heinrich Pattberg, der um 1900 die Führung der Zeche Rheinpreußen in Homberg übernommen hatte und dem linksrheinischen Bergbau „maßgebliche Impulse" vermittelte. Die dem Verbundwerk Rheinland gehörende Schachtanlage mit den zwei modernen Fördergerüsten aus vollwandigen Stahlblechträgern wird zur Zeit abgebrochen. Bleiben wird die mit Tausenden von Bäumen begrünte und mit Feuchtbiotopen ausgestattete, siebzig Meter hohe Halde, die inzwischen den Namen Pattberg trägt. Am 12. September 1993 fand hier bei strahlendem Wetter das 6. Drachenfestival statt.

79 Moers

Ausgangspunkt der Stadt Moers ist die gleichnamige Burg der Herren von Moers, die sich im Mittelalter selbstherrlich Grafen von Moers nannten. Vor ihrer Burg entstand die typische Burgsiedlung, die sie 1300 durch König Albrecht zur Stadt erheben ließen.
Ähnlich wie in Linn ist die Burg aus einer runden Turmhügelburg, einer Motte des 12. Jahrhunderts, hervorgegangen. Ihre Form und Größe wird heute noch von dem bestehenden mittelalterlichen Gebäuden nachgezeichnet, zu erkennen an dem roten Dach mit anstoßendem Turm. Seit 1908 ist hier das Grafschafter Museum untergebracht.
Im 17. Jahrhundert baute man die Stadt Moers zur starken Festung und den Burgbereich zur Zitadelle um. Nach der Schleifung 1763 wurden die Festungsanlagen in die zum großen Teil noch heute erhaltenen Parkanlagen umgestaltet. Zwischen Burg und Altstadt konnte 1868 bis 1871 die neugotische, katholische Pfarrkiche St. Joseph – oben im Bild – gebaut werden.

80 Kloster Kamp ▷

Das Kloster Kamp auf dem Kamper Berg wurde 1122 als erstes Zisterzienserkloster auf deutschem Boden vom französischen Kloster Morimond aus gegründet. Nach der Zerstörung der alten Kirche und der Konventsgebäude im 16. Jahrhundert wurde das Gotteshaus bis 1700 in seiner heutigen Form mit den beiden Türmen mit geschweiften Dächern neu erbaut. Bald danach ließ Abt Franziskus Daniels in den vierziger Jahren des 18. Jahrhunderts einen prächtigen Terrassengarten anlegen, der nach der Aufhebung des Klosters 1802 verfiel und in Vergessenheit geriet. Für fast zehn Millionen Mark wurde der Garten in den achtziger Jahren rekonstruiert und im September 1990 der Öffentlichkeit übergeben.

81 Die Zeche Friedrich Heinrich in Kamp-Lintfort

Kamp, das ist einmal das alte Kloster – Lintfort, das ist eine alte Siedlung, beide zusammen bilden die junge Stadt, die erst 1950 die Stadtrechte erhielt. Seinen rasanten Aufschwung nahm der Ort 1906, als das Grubenfeld aus dem Besitz des Friedrich Heinrich von Diergardt zwecks Bau des „Steinkohlenbergwerks Friedrich Heinrich Aktiengesellschaft" an eine französische Bankengruppe verkauft wurde. 1907 begann man abzutäufen, und 1912 wurde die erste Kohle gefördert. 1969 übernahm die Ruhrkohle AG (RAG) die Zeche, deren Kokerei 1978 stillgelegt wurde.

82 Die Arbeitersiedlung in Kamp-Lintfort

Bedingt durch die Zeche Friedrich Heinrich stieg die Bevölkerung Kamp-Lintforts sprunghaft innerhalb von zwei Jahren von 8.100 auf 14.000 Einwohner im Jahre 1914. In unmittelbarer Nachbarschaft zur Zeche entstand bald darauf die Bergarbeitersiedlung rechts und links der Ebertstraße, die in der oberen Hälfte des Bildes diagonal zum oberen Rand führt. In den achtziger Jahren wurde die Siedlung im Rahmen eines Pilotprojektes aufwendig saniert.

83 Die Zeche Rossenray bei Kamp-Lintfort

Zwischen Kamp-Lintfort und Rheinberg liegt das Steinkohlebergwerk Rossenray, das jüngste Bergwerk am Niederrhein. Es wird überragt von dem mächtigen, fünfundsiebzig Meter hohen Förderturm, der im unteren Drittel nach rechts und links hammerförmige Auskragungen aufweist. Die Abtäufarbeiten begannen hier zwar schon 1942, aber aufgrund des Zweiten Weltkriegs sollte der eigentliche Bergbaubetrieb erst 1963 aufgenommen werden.

84 Die Schachtanlage Hoerstgen

Die Anfänge der Schachtanlage Hoerstgen des Steinkohlenbergwerks Friedrich-Heinrich in Kamp-Lintfort gehen bis in das Jahr 1942 zurück, doch die Arbeiten blieben liegen, und erst ab dem 6. Oktober 1956 konnte hier abgetäuft werden. Mit fast fünfzig Metern Höhe setzt der Förderturm inmitten der landwirtschaftlich geprägten Landschaft um Hoerstgen einen markanten Akzent.

85 Die Anhuf-Schanze bei Hoerstgen

1626 planten die Spanier während des Dreißigjährigen Krieges, den Rhein und den Rheinhandel umzuleiten, um den abtrünnigen Niederlanden regelrecht das Wasser abzugraben. Ein Kanal sollte Rheinberg über Geldern mit Venlo verbinden. Die mit viel Ehrgeiz und Kosten begonnenen Arbeiten wurden ständig von niederländischer Seite attakiert, so daß entlang dem Kanal drei größere und zweiundzwanzig kleinere Schanzen angelegt wurden, die auch heute noch das Landschaftsbild nachhaltig prägen. Die hier gezeigte Anhuf-Schanze trägt ihren Namen von dem dabeigelegenen Bauernhof. Da sie zu den größeren Schanzen gehörte, wurde sie auch Fort Royal, Königsschanze, genannt. Deutlich sind an den Ecken die ausladenden Bastionen zu erkennen, auf denen auch größere Geschütze aufgestellt werden konnten.

◁ **86 Die Zeche Niederberg bei Neukirchen-Vluyn**

Geografischer Mittelpunkt der Stadt Neukirchen-Vluyn ist die Zeche Niederberg, denn sie liegt genau zwischen den Ortsteilen Neukirchen und Vluyn, die erst 1928 zu einer Gemeinde zusammengeschlossen wurden. Seit dem 1. Januar 1981 ist Neukirchen-Vluyn Stadt.
Die Geschichte der 1922 „Niederrheinische Bergwerks-Aktiengesellschaft" genannten Zeche geht letztlich bis 1857 zurück, doch abgetäuft wurde hier erst 1912, und die erste Kohle wurde 1917 gefördert. Das Bild zeigt deutlich noch ältere Bauteile - so etwa den Förderturm vom Typ eines Tomsen-Bockes - neben modernen Bauten. An das Bergwerk angeschlossen ist die einzige Brikettfabrik des Reviers.

87 Schloß Bloemersheim

In der Nähe von Neukirchen-Vluyn liegt das malerische Schloß Bloemersheim. Das Haus ist als typische Grenzburg auf der Grenze des Herzogtums Geldern zur Grafschaft Moers erbaut worden und wird 1404 erstmals genannt. Da das Schloß im Bergschadengebiet liegt, wurde die über zwei Meter abgesenkte Anlage zwischen 1983 und 1986 in Zusammenarbeit von Denkmalpflege und der Bergbau AG Niederrhein für zwei Millionen DM gesichert und für die Zukunft erhalten.

88 Die Donger Mühle

Nördlich von Neukirchen-Vluyn steht die Donger Mühle, eine typische Turmwindmühle des Niederrheins, die hier 1874 an der Stelle einer alten, angeblich 1585 errichteten Bockwindmühle erbaut wurde. Die Mühle arbeitete bis 1962 – und heute dreht sie wieder ihre Flügel, wenn man fünf DM in einen entsprechenden Automaten wirft.

89 Issum

Das Dorf Issum bildete im Mittelalter zunächst eine eigene Herrschaft, wurde ab 1338 Lehen des Grafen von Geldern und war später für einige hundert Jahre Bestandteil des kurkölnischen Amtes Rheinberg. Den Mittelpunkt des Dorfes bildet die Kreuzung mit der Kirche und den gegenüberliegenden Resten der Burg, die heute als Rathaus dient. Als 1979 für die modernen Verwaltungsansprüche ein neuer Verwaltungstrakt in Form eines Viertels aus einem Achteck errichtet werden sollte, mußte dieser ausgerechnet an die Stelle gesetzt werden, wo die mittelalterliche Hauptburg stand. Damit ging dem Rheinland wieder ein wichtiges Bodendenkmal unwiederbringlich verloren.

90 Die Altbierbrauerei Diebels in Issum

Wer heute Issum sagt, meint gewöhnlich Diebels, die Bierbrauerei von 1878, die im 19. Jahrhundert nur eine von hunderten am Niederrhein war. Heute ist die Privatbrauerei mit über fünfhundert Beschäftigten größter Arbeitgeber des Altbierdorfes. Seit den sechziger Jahren produziert Diebels nur noch das bekannte Altbier, die Jahresproduktion beträgt etwa 1,4 Millionen Hektoliter.

91 Golfplatz in Issum

Eingebettet in die niederrheinische Landschaft zwischen Bauernhöfen und kleinen Waldstücken ist der Achtzehn-Loch-Golfplatz bei Issum, der bereits seit 1973 existiert. Unser Bild zeigt oben die Bahnen drei und vier neben dem restaurierten Glückshof.

92 Geldern

Geldern wird auch heute noch „Herzogstadt“ genannt, denn von hier hat ein mächtiges Grafengeschlecht, das 1339 in den Herzogstand erhoben wurde, seinen Namen erhalten. Noch heute erinnert die niederländische Provinz Gelderland an dieses Herzogtum, das sich beiderseits der heutigen Staatsgrenze zwischen dem IJsselmeer im Norden und bis südlich von Roermond erstreckt.
Die namengebende Burg Geldern wurde bereits 1637 zugunsten der neuzeitlichen Festungswerke abgebrochen. Auf einem Teil der ehemaligen Festungsanlagen, die 1764 geschleift worden waren, errichtete sich der preußische Landrat von Eerde 1861/62 ein prachtvolles Wohnhaus inmitten einer großzügigen Parkanlage. Der Komplex – in der Mitte des Bildes – dient, um einige moderne Zweckbauten aus den letzten vierzig Jahren vermehrt – seit 1985 als Rathaus und „gute Stube“ – der Stadt Geldern.

93 Kapellen bei Geldern

Historisch gesehen stellt das Dorf Kapellen bis zum Beginn des 19. Jahrhunderts ein Kuriosum dar. Das an der alten, schnurgeraden Römerstraße von Xanten (von links) nach Tongeren (in Belgien) entstandene Dorf gehörte zu zwei Territorien. Die südöstliche, obere Straßenseite mit der Kirche gehörte zum Herzogtum Geldern, die gegenüberliegende Seite zum Herzogtum Kleve. Schuld daran ist die Römerstraße, die - nicht nur hier - im Mittelalter gerne als Grenzlinie verstanden wurde.
Der 1969 mit der Stadt Geldern vereinigte Ort ist, wie die vielen Neubauten im Vorder- und Hintergrund zeigen, in den letzten Jahren um ein Vielfaches gewachsen. Sicherlich wird auch bald die Wiese hinter dem hübschen Marktplatz zugebaut sein, denn noch immer streben die Menschen aus den Ballungszentren in die attraktiven Wohnlagen des ländlichen Niederrheins.

94 Schloß Haag bei Geldern

Zu den am meisten fotografierten Schlössern am Niederrhein gehört das Schloß Haag, von dem aber nur noch zwei Vorburgen sowie ein mit roten Ziegeln gedeckter Wirtschaftshof erhalten ist. Das eigentliche Haupthaus der 1337 erstmals genannten Anlage wurde im Februar 1945 durch einen Sprengstoffangriff zerstört und nicht wieder aufgebaut. Das Haus stand links auf der Wiese. Um das auch heute noch malerische Restschloß soll in nächster Zeit ein Golfplatz angelegt werden, der die Parklandschaft am Rande der Niersniederung erheblich verändern wird.

95 Die Eisenbahnstrecke von Geldern nach Moers

Um für die „kräftig einsetzende Kohleförderung eine leistungsfähige Abfuhrlinie zu schaffen" plante man ab 1908 die Eisenbahnstrecke von Moers nach Geldern. Aufgrund des Ersten Weltkriegs aber konnte die Strecke nicht fertiggestellt werden. Heute stellt die Trasse in der Landschaft ein eindrucksvolles Bodendenkmal verkehrspolitischer Bestrebungen dar. Das Bild zeigt die Trasse südöstlich von Geldern in der Nähe von Hartefeld, das am oberen Rand zu sehen ist.

96 Wallfahrtskirche Aengenesch bei Geldern

Klein aber fein, das ist die 1430 der Schmerzhaften Mutter geweihten Wallfahrtskirche „an der Esche“ in Aengenesch nordöstlich von Geldern. Ein Besuch des 1720 erweiterten und mit Barockgiebel versehenen Kirchleins lohnt sich immer, auch wenn der Wallfahrtsort gegenüber Kevelaer kaum noch eine Bedeutung hat.

97 Bei Walbeck an der Grenze

Der Gelderner Ortsteil Walbeck ist überregional bekannt als Spargeldorf. Neben dieser Sonderkultur bestimmen aber auch ausgedehnte Erikenfelder das heutige Landschaftsbild.
Das Luftfoto zeigt einen typischen Gärtnereibetrieb mit Glashäusern und Freilandkulturen am Rande des Dorfes, dessen jüngster Bebauungsplan eine Ausdehnung des Neubaugebietes bis zu der malerischen und einzigartigen Kooker-Windmühle mit ihrem weißen Oberteil vorsieht.

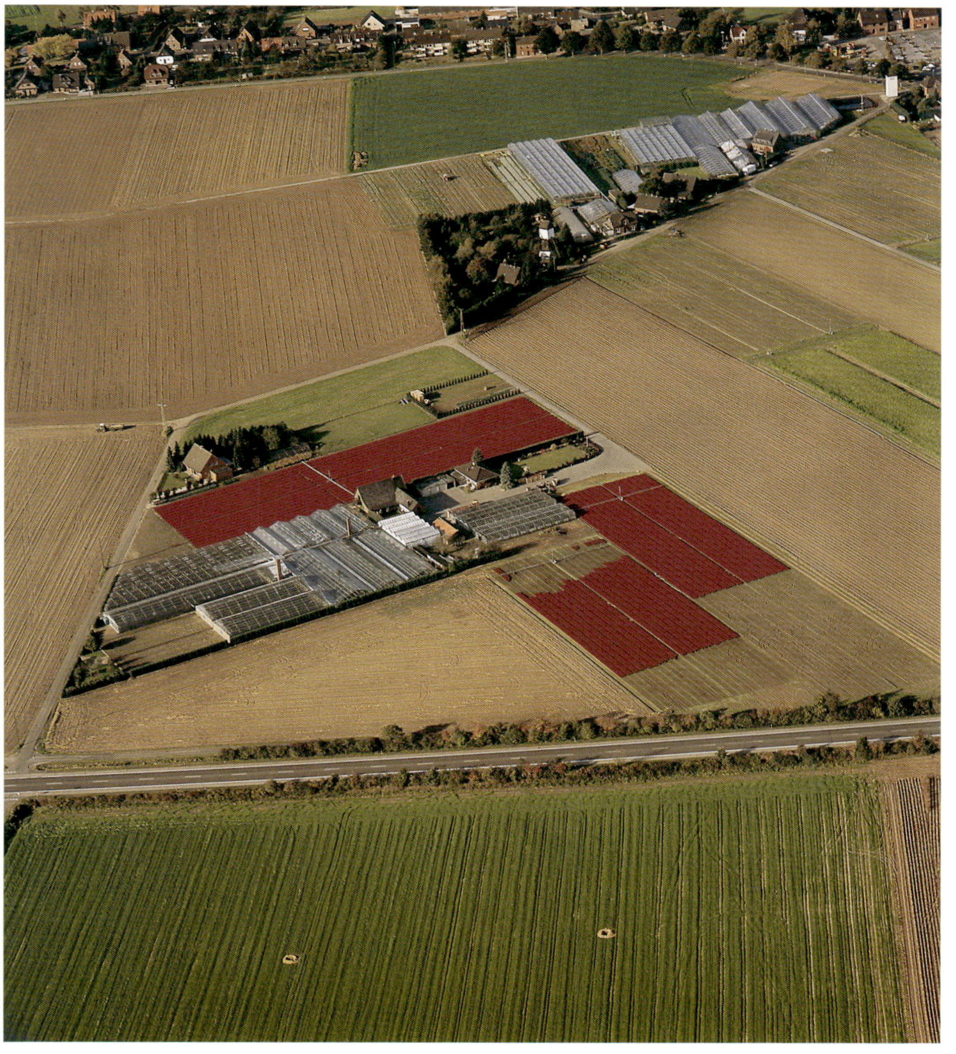

98 Bei Geldern

Südlich von Geldern wird zur Zeit die Straße gebaut, die bereits vor sechzig Jahren in der Planung war: die neue Bundesstraße 9, die einen erheblichen Teil des sich immer noch über Gelderns Wälle quälenden Verkehrs aufnehmen wird. Nach der voraussichtlichen Fertigstellung der Straße im Jahre 1994 bleibt aber der Stadt Geldern, die im Hintergrund zu sehen ist, immer noch der Verkehr der Bundesstraße 58 erhalten. Das Foto zeigt die Trasse der neuen Straße, ihre Anbindung an die Bundesstraße 58 und – rechts im Bild – der geplante Übergang über die Niers.

99 Die Mülldeponie des Kreises Kleve

Nicht nur die Gedanken können Berge versetzen, auch Müll kann neue Berge entstehen lassen. Zwischen Straelen und Geldern ist die große Zentraldeponie des Kreises Kleve, die im September 1978 in Betrieb genommen wurde, und nach dem heutigen Stand der Dinge etwa 1995/96 verfüllt sein wird. Das Bild zeigt die Anlage von Süden, links im Vordergrund fließt die Niers im großen Bogen um die Kippe herum in Richtung Norden nach Geldern, das im Hintergrund zu erahnen ist.

100 Straelen

Im Mittelalter gehörte der Ort Straelen der Abtei Siegburg, die Landesherrschaft aber lag in den Händen des Grafen von Geldern. 1342 wird der Ort schon Stadt genannt, doch erst 1428 erfolgte die förmliche Stadterhebung. Neuen Aufschwung nahm das kleine Landstädtchen ab 1914, als hier die erste Gemüseversteigerung in Deutschland eingerichtet wurde. Heute ist Straelen das Zentrum des Gemüse- und Blumenanbaus am Niederrhein.
In den letzten Jahren machte die Stadt auch Schlagzeilen mit einer umfangreichen und vielgepriesenen Stadtkernsanierung innerhalb der mittelalterlichen Wälle. Gerade das Luftbild zeigt, wie viele Häuser und Häuserblocks aber nicht saniert, sondern schlicht durch Neubauten ersetzt wurden.

101 In Vossum bei Straelen

Das Umland von Straelen ist traditionell landwirtschaftlich geprägt, doch bedingt durch die Strukturkrise im Agrarsektor stellen immer mehr Betriebe auf Gartenbau um. Während der eine Landwirt noch mit dem Traktorgespann seine Rüben vom Feld fährt, steht beim Blumengärtner schon der Lastwagen bereit.

103 Haus Caen

Zu den malerischsten Herrenhäusern am Niederrhein gehört zweifellos das Haus Caen mit seiner Wassermühle an der Niers. Die Idylle wird aber empfindlich durch die hier vorbeiführende Straße von Straelen nach Wachtendonk gestört. – Der Name Caen wird bereits 1310 genannt, und für das späte 14. Jahrhundert liegen Hinweise auf die Existenz der Mühle vor, die in ihrer heutigen Gestalt aber erst um 1700 erbaut wurde. Das Herrenhaus – im wesentlichen ein Bau aus der Zeit um 1660 – erhielt das Mansardendach erst 1904. Um das Haus herum befinden sich Reste eines Landschaftsparks des 18. Jahrhunderts und Gartenanlagen aus dem frühen 19. Jahrhundert des Düsseldorfer Gartenbaudirektors Maximilian Friedrich Weyhe.

◁ 102 Haus Coull

Das malerische Haus Coull vor den Toren Straelens in einem kleinen, aber schönen Park gelegen, wurde erst so richtig bekannt, als die Firma Bofrost 1977 gegenüber ein mit verspielten Dacherkern versehenes Verwaltungsgebäude aus Backstein errichtete.
Das Haus Coull wird 1406 erstmals genannt und stammt in seiner heutigen Form aus dem 16. und 19. Jahrhundert. Das Bild ist typisch für die überall expandierende Bebauung – hier eines Gewerbegebietes – am Niederrhein. In einigen Jahren wird auch das Feld vor dem historischen Haus verschwunden sein.

104 Auwel bei Straelen ▷

Erst aus der Luft sieht man, in welchem Ausmaße die gläsernen Gewächshäuser die Landschaft regelrecht auffressen.
In Straelen, wo 1914 eine Versteigerung für Gemüse eingerichtet wurde, die heute die größte in der Bundesrepublik ist, sind mehr als zwei Millionen Quadratmeter unter Glas.

105 Haus Eyll an der Niers

Illustre Leute wohnten auf diesem Anwesen in der Nähe von Straelen. 1432, als das Haus erstmals genannt wird, saß hier der Straelener Richter des Herzogs von Geldern, Gerhard van Eyll. Im 17. Jahrhundert kaufte es der Gouverneur der Festung Straelen, im 18. Jahrhundert besaß es ein Graf und sodann der oberste Beamte der preußischen Verwaltung in der Stadt Geldern, und im 19. Jahrhundert der Begründer der Elberfelder Handelskammer. Das heutige Haus wurde 1681 erbaut und ist Bestandteil eines großen Landschaftsparks des 18. Jahrhunderts, von dem noch heute einige Alleen vor und hinter dem Haus erhalten sind.

106 Haus Vlassrath

Zu den bedeutendsten Burganlagen an der Niers und auch am Niederrhein gehört das Haus Vlassrath, das zwar erst 1390 erstmals genannt wird, wahrscheinlich aber aus dem frühen 14. Jahrhundert stammt. Aus dieser frühen Zeit dürfte noch die dicke Ringmauer aus Backstein stammen, in die dann im 15. Jahrhundert das jetzige Haus hineingebaut wurde. Nach einem Brand konnte das Obergeschoß bis 1613 wiederhergestellt werden – und seitdem hat sich an dem Herrenhaus nicht viel verändert. Im späten Mittelalter residierten hier bekannte geldrische Ritter, die für den Herzog von Geldern das Amt Straelen verwalteten.

107 Wachtendonk

Burg, Burgsiedlung und Mühle zu Wachtendonk an der Niers werden 1326 erstmals als geldrisches Lehen genannt. Ende des 16. Jahrhunderts wurde der kleine Ort zur Festung mit sieben Bastionen ausgebaut, die heute noch im Grundriß des Straßennetzes erkennbar sind. Kaum ein anderer Ort am unteren Niederrhein konnte sein von Häusern vornehmlich des 18. Jahrhunderts geprägten Ortsbild so gut bewahren wie Wachtendonk. Zu Recht hat der Landeskonservator ein besonderes Auge auf das malerische Städtchen geworfen.

108 Die Nettemündung bei Wachtendonk

Den Reiz des Niederrheins macht vielfach die parkähnliche Landschaft aus, die sich insbesondere im Bereich der Flüsse und Bäche abwechslungsreich gestaltet. Wiesen, Felder und kleine Wälder bestimmen das Bild, wie hier im Bereich der Nettemündung in die Niers nördlich von Wachtendonk.

109 Die Burgruine Wachtendonk ▷

Immer noch direkt an der Niers liegt die Ruine der Burg der Herren von Wachtendonk. 1326 wird sie zuerst genannt und bis in das 15. Jahrhundert hinein systematisch ausgebaut. Im 16. Jahrhundert aber verlor sie ihren strategischen Wert und verfiel immer mehr, bis sie kurz nach 1603 zugunsten der modernen Festungswerke abgebrochen wurde. Der Trümmerhügel konnte zwischen 1967 und 1978 weitgehend archäologisch untersucht werden. Seitdem ist die konservierte Ruine Anlaufstelle für Radfahrer, Wanderer und Bootsfahrer.

110 Haus Holtheyde

Ein typisches Herrenhaus des späten 16. Jahrhunderts liegt im Wald versteckt nördlich von Wachtendonk. Die Gräben des Hauses wurden bis zur Regulierung der Niers in den fünfziger Jahren von diesem Fluß gespeist. In den umliegenden Waldungen finden sich noch Reste eines Landschaftsparks des 18. Jahrhunderts, zu dem auch die Eibenlaube auf der Wiese vorne links gehört.

111 Haus Langenfeld

In unmittelbarer Nähe zur Autobahn 40 von Duisburg nach Venlo liegt Haus Langenfeld, das in seiner heutigen Form noch aus dem späten 15. Jahrhundert stammt und somit zu den älteren Herrenhäusern am Niederrhein zu rechnen ist. Das Haus mit Vorburg wird 1387 erstmals genannt und befand sich im Besitz der Familie Spede von Langenfeld, aus der der bekannte Jesuitenpater Friedrich Spee von Langenfeld hervorgegangen ist.

112 Die blaue Lagune in der Wankumer Heide

Die Luftaufnahme zeigt eindrucksvoll, wie es zu dem Namen dieses Baggerlochs gekommen ist. An schönen Sommertagen tummeln sich hier – trotz oder weil es verboten ist – Tausende von Sonnen- und Wasserhungrigen. Nach jahrelangen Streitereien scheinen sie nun gesiegt zu haben. Bald soll hier nämlich geregelter Badebetrieb möglich sein, und eine elektrische Wasserskianlage mit entsprechenden baulichen Anlagen wird den See voll erschließen – bis auf einen kleinen Teil, der allein dem Naturschutz gewidmet sein soll.

113 Haus Bellinghoven

Regelrecht umzingelt von schmucklosen und damit schon wieder typischen Zweckbauten eines landwirtschaftlichen Betriebes ist das an und für sich hübsche Haus Bellinghoven oder Baersdonk zwischen Nieukerk und Geldern an der Kleinen Niers. Bereits im 13. und 14. Jahrhundert tragen verschiedene geldrische Beamte den Namen des Rittersitzes, dessen Haupthaus in der heutigen Form aber erst im 17. Jahrhundert errichtet wurde.

114 Haus Paelings bei Aldekerk

Am Rande der fruchtbaren Aldekerker Platte liegt in der feuchten Bruchniederung das Haus Paelings, ein adeliges Gut, das teilweise noch in Fachwerk errichtet ist. Das Haus wurde in seiner heutigen Gestalt zu Beginn des 17. Jahrhunderts errichtet und erhielt erst später die beiden kleinen Flügel zum Vorhof hin. Obwohl im Herzogtum Geldern gelegen, war das Haus ursprünglich ein Lehen des Grafen von Moers. Zu Beginn der achtziger Jahre wurde das fast völlig verfallene Haus im alten Stil wiederhergestellt.

115 Finkenberg bei Rheurdt

Das Öko-Dorf Rheurdt – wie es sich selbst nennt – wird seinem Namen auch dadurch gerecht, daß es alternative Energien nutzt. Während ein modernes Windrad seit einigen Jahren bei Finkenberg, einer mittelalterlichen Bauernschaft mit der Quirinuskapelle aus dem Jahre 1714, der Landwirtschaft Strom liefert, plant die Gemeinde ein weiteres Windrad, das auf den Schaephuysener Höhen zu stehen kommen soll. Hier wird es optimal alle Winde ausnutzen können – aber nicht zur Verschönerung des Landschaftsbildes beitragen.

117 St. Peter bei Kempen

Das kleine, romantische Kirchlein südlich von Kempen soll der Überlieferung nach das älteste Gotteshaus im Kempener Land sein. Karl der Große soll den Bau veranlaßt haben, der Heilige Suitbert – gestorben 713 – soll hier gepredigt haben – doch Beweise hierfür gibt es nicht. Immerhin stammen die ältesten Teile der Kirche noch aus dem 12. Jahrhundert. Gegen Ende des 14. Jahrhunderts fügte man an der Südseite eine kleine gotische Taufkapelle hinzu.

◁ **116 Kempen**

Selten schön läßt die Luftaufnahme den mittelalterlichen Stadtkern Kempens erkennen. Noch heute finden sich hier eine ganze Reihe älterer Bauten, die das Stadtbild der 1294 durch den Kölner Erzbischof Siegfried von Westerburg zur Stadt erhobenen Ansiedlung prägen.

118 Blick in die Altstadt von Kempen

Von den zahlreichen Baudenkmälern in der Kempener Altstadt sind insbesondere die Reste der Stadtbefestigung mit der 1581 erbauten Stadtwindmühle im Vordergrund, die im Kern zum Teil noch romanische Propsteikirche mit ihrem farbigen Turm, das darüber gelegene Franziskanerkloster mit der Peterskirche und – oben – die 1396 bis 1400 errichtete kurkölnische Landesburg mit ihren drei Ecktürmen zu nennen.

119 Tönisberg

Der Niederrhein wird gleichermaßen geprägt von der Landwirtschaft und Industrie, die beide ihren Platz in der Landschaft zu behaupten versuchen. Im Vordergrund sieht man die modernen Strohrundballen, darüber eine Bockwindmühle aus dem Jahre 1820 – die einzige ihrer Art im nördlichen Rheinland – und in unmittelbarer Nachbarschaft der 1959 abgetäufte Wetterschacht der Neukirchen-Vluyner Zeche Niederberg.

120 Krefeld

Im Gegensatz zu anderen mittelalterlichen Städten läßt der Blick in Krefelds Innenstadt nicht mehr erkennen, daß es auch hier eine Altstadt gab. Diese war zwar denkbar klein, aber immerhin hatte schon Kaiser Karl IV. dem Grafen von Moers 1361 erlaubt, in Krefeld einen Wochen- und Jahrmarkt abzuhalten. 1373 wird der Ort dann zur Stadt erhoben. Als sich hier seit dem späten 16. Jahrhundert religiös Verfolgte niederlassen, begann der wirtschaftliche Aufschwung der kleinen Stadt, und schon 1692 ist eine erste Stadterweiterung notwendig. Im 18. Jahrhundert und nochmals 1819 bekommt die Stadt ihren bis heute erhaltenen, regelmäßigen, schachbrettartigen Grundriß, in dessen Mitte der mittelalterliche Stadtgrundriß kaum mehr auffällt.
Das Bild zeigt den schräg nach oben rechts verlaufenden Ostwall und die Friedenskirche – links – sowie die Stephanskirche.

121 In der „Altstadt" Krefelds

Bereits außerhalb der mittelalterlichen Stadtauslage wurde die im Kern noch aus dem Jahre 1754 bis 1768 stammende Pfarrkirche St. Dionysius erbaut. Sein strenges klassizistisches Aussehen erhielt das Gotteshaus nach einem Umbau in den Jahren 1840 bis 1842. – Die kleinen, schräg verlaufenden Gassen am rechten Bildrand zeigen, daß hier die eigentliche Altstadt zu suchen ist.

122 Hüls bei Krefeld

Der am Rande des Hülser Bruchs gelegene Ort ist wohl um 1100 gegründet worden. Mit Erlaubnis des Kölner Erzbischofs errichtete der Ritter Friedrich von Hüls um die Mitte des 15. Jahrhunderts direkt neben dem Ort eine neue Burg, deren Ruine auf einer baumbestandenen Insel oberhalb der Kirche zu sehen ist.
Diese neugotische Kirche ersetzte 1868 ein gotisches Gotteshaus.
Zwischen Kirche und Burgruine liegt die Klausur mit rotem Dach, ein 1398 gegründetes Beginenkloster, dessen Gebäude heute als Wohnungen dienen. – Links von der Kirche erkennt man auf der gegenüberliegenden Straßenseite den weitläufigen Komplex des sogenannten Konvents, ebenfalls ein Beginenkloster aus dem 15. Jahrhundert, mit der zur Straße liegenden Klosterkirche von 1461.

123 Die Burg Linn

Krefeld – das sind eigentlich drei Städte, nämlich Krefeld, Uerdingen und Linn. Letztere gehört zu den typischen Burgenstädten des Niederrheins, die sich im Schatten einer Burg bildeten und sich dann – meist ohne landesherrlichen Akt – einfach „Stadt" nannten. Für Linn ist die Bezeichnung „Stadt" erstmals 1318 belegt. Wesentlich älter ist aber die Burg, die aufgrund ihrer mehreckigen Form ihre Herkunft aus einer runden Turmhügelburg, einer Motte des 12. Jahrhunderts, immer noch zu erkennen gibt. Im Mittelalter gehörte sie zunächst als kölnisches Lehen dem klevischen Grafenhaus.
Ab 1388 kam sie definitiv zu Kurköln und wurde in den folgenden Jahrzehnten in ihrer heutigen Form ausgebaut. Um 1700 verfiel der Wehrbau, und im Bereich der Vorburg wurde 1740 das noch erhaltene Jagdschloß erbaut. Nach der grundlegenden Restaurierung der Ruine nach dem Zweiten Weltkrieg werden nun die Flachdächer durch hohe, gotisch anmutende Walmdächer ersetzt.

124 Der Ostwall in Krefeld ▷

Die Prachtstraße Krefelds ist der Ostwall, der wie eine Allee mitten in der Seidenweberstadt Grün in das Häusermeer bringt. Der Ostwall führt in Richtung Süden zum Hauptbahnhof, der oben auf dem Bild zu sehen ist. Hier kreuzen sich die Eisenbahnstrecken von Köln nach Kleve und von Mönchengladbach nach Duisburg. Der 1907 eröffnete Bahnhof repräsentiert den gerade in Krefeld zu beobachtenden monumentalen Baustil der wilhelminischen Ära vor dem Ersten Weltkrieg.

125 Anrath

Wie der Ortsname verrät, ist Anrath aus einer Rodung hervorgegangen. Mittelpunkt des Ortes, der seit 1970 zur Stadt Willich gehört, ist die neugotische Kirche, die ab 1897 an der Stelle einer älteren Kirche erbaut wurde. Das erste Gotteshaus – Tochterkirche der alten Mutterkirche in Kempen – wurde 1019 vom Kölner Erzbischof Heribert der Abtei Deutz geschenkt.

126 Willich

Trotz vielfältigster Abwechslungsmöglichkeiten in unserer kurzlebigen, von Freizeitprofis geprägten Welt, gibt es ihn immer noch, den kleinen Zirkus, der über Land fährt und am Ortsrand – wie hier in Willich am 1. Juli 1993 – für einige Tage sein Zelt aufschlägt.

127 Haus Clörath

Direkt an der Niers entstand im Mittelalter als typische Grenzburg das Haus Clörath, das sich auf dem Gebiet der Herrschaft Liedberg erhob und der geldrischen Exklave Viersen auf dem jenseitigen Niersufer gegenüberlag. 1642 brannte das Haus teilweise aus und wurde um 1800 weitgehend zerstört. Ein kleiner Rest der backsteinernen Ruine ist heute noch in der Wiese auszumachen. Der davor gelegene Hof stellt die ehemalige Vorburg dar, wo bereits 1386 eine Mühle stand. Sie wurde von dem jetzigen Eigentümer vor dem Verfall gerettet und in den letzten Jahren mustergültig restauriert. Die Niers wurde in diesem Bereich 1930 begradigt und vom Haus entfernt; heute fließt sie schnurgerade einen Kilometer weiter westlich; sie ist am oberen Bildrand noch zu sehen.

128 Neersen

Der Ort Neersen führt seinen Namen von der Niers, die im Mittelalter die Burg und die Burgsiedlung schützend umfloß. 1935 bis 1937 aber begradigte man den sich durch die Landschaft schlängelnden Fluß in diesem Bereich und verlegte ihn rund einen Kilometer nach Westen. Unter dem heutigen, 1661 bis 1669 erbauten Schloß befinden sich noch die Reste der mittelalterlichen Burg, die 1978 archäologisch untersucht wurden. In dem seit 1973 der Stadt Willich gehörenden Schloß sind heute Teile der Stadtverwaltung untergebracht. Im Schloßhof finden alljährlich die bekannten Schloßfestspiele statt. Was den Besuchern des Schlosses „von unten" kaum auffällt, springt auf dem Luftbild regelrecht ins Auge: der postmoderne, auf die Baugeschichte des Schlosses keine Rücksicht nehmende Ausbau der Dachzone.

129 Das Gruppenklärwerk bei Mönchengladbach-Neuwerk

Daß der kleine Fluß Niers mit seinen rund 120 Kilometern Länge zwischen Erkelenz im Süden und Gennep in den Niederlanden auf der Höhe von Goch nicht zum Abwasserkanal verkommt, darum kümmert sich der 1928 gegründete Niersverband, der dafür sorgt, daß von den anliegenden Städten und Gemeinden nur geklärtes Wasser dem Fluß zugeführt wird. Das größte vom Niersverband unterhaltene Klärwerk ist das bei Neersen, nördlich von Mönchengladbach, wo etwa zwei Drittel des Abwassers aus dem gesamten Niersgebiet anfallen. In dem großen Nierssee im Vordergrund wird nach der eigentlichen Klärung das Wasser zusätzlich belüftet.

130 St. Tönis

Im Mittelalter wurde der Eremit Antonius gerne als der Heilige verehrt, der insbesondere bei Viehseuchen zu helfen vermag. So muß es nicht weiter verwundern, daß am ländlich strukturierten Niederrhein gerade zu ihm häufig gebetet wurde. In Tönisberg und in St. Tönis ist er sogar Bestandteil des Ortsnamens geworden. St. Tönis, das war ursprünglich die Sankt-Antonius-Kapelle in der Heide, die 1380 mit erzbischöflicher Erlaubnis erbaut und 1554 von der Mutterkirche Kempen abgepfarrt worden war. Wohl seit dem späten 16. Jahrhundert besaß der Ort eine bescheidene, aus Wall und Graben bestehende Befestigungsanlage. Die heutige Kirche ist ein neugotischer Bau des 19. Jahrhunderts. Allein die mit Blendbögen gegliederten Untergeschosse des Turmes stammen noch aus dem 15. Jahrhundert.

131 Vorst in Tönisvorst

Die ursprüngliche Struktur des Ortes Vorst südlich von Kempen ist heute kaum noch zu erkennen. Erst bei näherem Hinsehen entdeckt man links von den Gewächshäusern den in seiner heutigen Form nach 1660 erbauten Adelssitz Haus Brempt. Wie so oft am Niederrhein waren auch hier Kirche und befestigtes Haus Ausgangspunkt für eine dörfliche Siedlung. Auch in Vorst wurde das 1259 erstmals erwähnte und im 15. Jahrhundert neu errichtete Gotteshaus um 1900 durch einen neugotischen Neubau ersetzt.

132 Haus Raedt bei Vorst

Wie eine grüne Insel liegt das von Bäumen und Resten eines Landschaftsparks umringte Haus Rath nördlich von Vorst mitten im Kempener Land. Der im 19. Jahrhundert im Stile der Zeit umgestaltete Adelssitz war im 14. Jahrhundert kurkölnisches Lehen und wurde in der Folgezeit von verschiedenen einheimischen Adelsfamilien bewohnt.

133 Haus Donk bei Vorst

Aus Ruinen erstanden ist das kleine, malerische Haus Donk südlich des Dorfes Vorst. Mit seinem Wassergraben und dem vorgelagerten Bauernhof bietet es ein gutes Beispiel für einen typischen niederrheinischen, zweiteiligen Adelssitz, der auf einer hochwasserfreien Anhöhe in einer Niederung, eben auf einer Donk, gegründet wurde. Erst 1971 hat das hübsche Haus, das im Kern noch aus dem 15. Jahrhundert stammt, mit seinem Rittersaal – rechts – und seinem Torturm – links – nach einem umfangreichen Aus- und Neubau sein Aussehen erhalten.

134 Das niederrheinische Freilichtmuseum Grefrath

Um die wasserumwehrte Dorenburg gruppieren sich verschiedene Bauernhäuser, die mit diversen Nebengebäuden das niederrheinische Freilichtmuseum Grefrath bilden. Die aus dem 17. Jahrhundert stammende, heutige Dorenburg wird bereits 1326 als geldrisches Lehen genannt. 1967 errichtete man das Freilichtmuseum, und 1973 eröffnete das Museum seine Türen. Die Häuser dokumentieren den bäuerlichen Baustil insbesondere des Großraums Mönchengladbach-Viersen.

135 Die Burgruine Uda in Oedt

Am Westrand des kleinen Dorfes Oedt, einem Ortsteil von Grefrath, steht am Rande der Niersniederung einer von ehemals vier mächtigen Türmen der Burg Uda, die 1314 begonnen wurde und Mittelpunkt einer kleinen, zunächst klevischen Herrschaft werden sollte. Wohl erst im Anschluß an diese Burg entwickelte sich das bereits 1170 genannte Oedt zu einer kleinen, typischen Burgsiedlung mit Befestigunganlagen und gewissen städtischen Rechten. Die Burg wurde 1642 zerstört und ab 1959 umfassend ausgegraben und archäologisch untersucht.

136 Der Niershoff bei Grefrath

Dutzende von Herrenhäusern und Schlössern liegen an der Niers, doch wenige vermitteln einen derart gepflegten Eindruck wie der Niershoff nördlich von Grefrath. Das vierseitige Anwesen wird noch heute durch einen Graben geschützt, der Bestandteil einer kleinen Parkanlage ist. Über die Entstehung des malerischen Anwesens ist nicht viel bekannt, sicherlich ist sie aber mit der typischen Grenzlage in Zusammenhang zu bringen, denn auf dem rechten, östlichen Niersufer ist das kurkölnische Amt Oedt, der Niershoff selbst liegt im geldrischen Amt Krickenbeck.

137 Die Nette und ihre Seen

Ein Nebenflüßchen der Niers ist die Nette, die bei Dülken entspringt und nördlich von Wachtendonk in die Niers mündet. Durch Austorfung ist das Flüßchen zwischen Breyell und Krickenbeck bereits im 18. Jahrhundert teilweise zu einer Seenplatte umgestaltet worden. Das Bild zeigt die Autobahn 61 mit der Abfahrt Boisheim und dem darüberliegenden Breyeller See, an den sich nach rechts der Nettebruchsee, das Windmühlenbruch, das Ferkensbruch und – ganz oben – der De-Witt-See anschließen.

138 Kaldenkirchen

Kaldenkirchen gehörte im Mittelalter zu den kleinen befestigten Orten im Herzogtum Jülich. 1628 besaß es vier Rondelle und drei Tore. Von der älteren Kirche blieben lediglich die Untergeschosse des Turmes erhalten, ansonsten handelt es sich um einen Neubau von 1893 bis 1897. Alt hingegen ist die der Pfarrkirche gegenüberliegende, turmlose Kirche der reformierten Gemeinde von 1672.
Da sie von der Hauptstraße durch eine Häuserzeile getrennt ist, spricht man bei ihr von einer Hinterhofkirche.

139 Lobberich

Wie eine grüne Insel heben sich in Lobberich die beiden typischen siedlungsbestimmenden Elemente Kirche und Burg in einem kleinen Park in malerischer Weise von der sie umgebenden Rundbebauung ab. Die Kirche soll noch aus dem 10. Jahrhundert stammen, das jetzige kleine Gotteshaus wurde aber erst im 15. Jahrhundert erbaut. Die Burg, das Haus Ingenhoven, wird zuerst 1403 als geldrisches Lehen genannt. Der heutige Bau stammt im Kern noch aus dem 16. Jahrhundert und wurde 1866 neugotisch umgestaltet.

140 Haus Bocholtz bei Lobberich

Der Stammsitz der Herren von Bocholtz wird 1326 erstmals „Hof" genannt und wurde erst im Laufe des 14. Jahrhunderts zur Burg ausgebaut. Aus dieser Zeit stammt noch der Rest des mächtigen Turmes, von dem heute nur noch eine 1987/88 durch die Denkmalpflege gesicherte Ecke in der Wiese existiert. Besser erhalten ist dagegen das wuchtige und mächtige Torhaus mit Ecktürmchen aus der Zeit um 1450, in dem sich die gotische Burgkapelle befindet.

141 Das Weyerkastell bei Breyell

Manchmal muß man den Eindruck haben, Autobahnen würden zur Freude der Autofahrer extra an sehenswerten Objekten vorbeigeführt. Nicht selten wird so ein alter Rittersitz, der vormals in ruhiger Lage Jahrhunderte überdauerte, touristisch erschlossen, wie hier das malerische Weyerkastell an der Autobahn 61 von Venlo nach Mönchengladbach. Das 1326 zuerst genannte geldrische Lehen gehörte zum jülichschen Amt Brüggen. Das heutige Haus wurde 1637 errichtet.

142 Schloß Krickenbeck ▷

Man will es kaum glauben, aber 1312 sollte die Burg Krickenbeck nach dem Willen des Grafen von Geldern Ausgangspunkt für eine Stadt werden, die entsprechende Urkunde ist heute noch erhalten! Zu Beginn des 14. Jahrhunderts aber hatte bereits die Stadt Venlo an der Maas der landesherrlichen Burg, die namengebend für ein geldrisches Amt war, den Rang abgelaufen. So kam sie in den Besitz des ortsansässigen Adels. Der Familie von Schaesberg gehörte die Burg von 1623 an. Nach dem Zweiten Weltkrieg diente das Schloß bis 1969 als Kreisaltersheim. Einer weiteren, der Größe des Objekts angemessenen und sinnvollen Nutzung stellten sich dann die Naturschützer entgegen, so daß das großartige Schloß bald dem Verfall preisgegeben war und 1988 nur noch als Ruine vorhanden war. Ab 1989 konnte die Westdeutsche Landesbank mit dem Wiederaufbau beginnen, so daß das Schloß seit seiner Wiedereröffnung am 24. Juli 1991 als Akademie der WestLB nun wieder so aussieht, wie es sich 1904 nach den Wiederherstellungsarbeiten nach einem Brand darstellte. Der Kompromiß: der Neubau des vorgelagerten, hundertsechzig Betten umfassenden Gästehauses.

143 Der Golfplatz Haus Bey

Der jüngste Golfplatz am Niederrhein ist der des Golfclubs Haus Bey in Nettetal in unmittelbarer Nähe zu den Krickenbecker Seen, der am 4. Juli 1993 eröffnet wurde. Namengebend ist ein kleiner, malerischer Rittersitz des 18. Jahrhunderts. Die bereits um 1800 verfallene Vorburg soll 1994 neu erstehen und auf etwa 1.000 Quadratmetern den Golfspielern/innen ein angemessenes Ambiente bieten, das den Eintrittspreisen entspricht.

144 Am Dorfrand von Hinsbeck

Ora et labora - bete und arbeite - ist man bei diesem Bild geneigt zu sagen. Für das Beten steht oben im Bild die barocke Kapelle auf dem Kreuzberg, ein kleiner achtseitiger Bau des 18. Jahrhunderts, für das Arbeiten die in freundlichem Weiß gehaltene Turmwindmühle, die an dieser markanten, den Niederrhein überragenden Stelle 1854 erbaut wurde. Nach dem Zweiten Weltkrieg richtete man in dem ruinösen Bauwerk eine Wohnung ein.

145 Viersen

Viersen war im Mittelalter Besitz des Kölner Stifts St. Gereon und gehörte zum geldrischen Amt Krickenbeck. Dem wirtschaftlichen Aufschwung im 19. Jahrhundert ist es zu verdanken, daß der Ort weit über die Grenzen des mittelalterlichen Dorfes hinauswuchs, Stadtrechte erhielt und seit 1929 kreisfreie Stadt war.
Seit der kommunalen Neugliederung 1970 gehören zur Stadt Viersen auch die mittelalterlichen jülichschen Stadtrechtsorte Süchteln und Dülken. Seit 1975 ist Viersen Kreisstadt für die zusammengelegten Kreise Viersen und Kempen-Krefeld.
Dem neuen Kreissitz-Verständnis trug man mit dem Bau eines pompösen Kreishauses Rechnung, das mit seinem roten Dach das Bild berherrscht. Herzstück ist das kreisrunde Sitzungshaus, das Forum, das am Rande des großen Kreishauskomplexes zu sehen ist. Am 18. Oktober 1984 wurde das neue Kreishaus eingeweiht.

146 Süchteln

Das zum Herzogtum Jülich gehörende Süchteln wird 1405 „Feste“ genannt und war mit Wall und Graben sowie drei Toren gesichert. Von der alten Kirche ist allein der Turm erhalten, das Langhaus wurde zwischen 1855 und 1858 von Vincenz Statz im neugotischen Stil erneuert.
Das Gotteshaus der reformierten Gemeinde von 1669 – links im Bild – gehört zu dem seltenen Typus der Hofkirchenanlage, die ursprünglich in einem Hinterhof und nicht an der Straßenfront erbaut wurde.

147 Mönchengladbach ▷

Der Name verrät, daß hier irgendwann Mönche an einem Bach mit dem Namen Gladbach gesiedelt haben müssen. Tatsächlich wurde hier der Überlieferung nach 974 ein dem Heiligen Vitus geweihtes Benedektinerkloster errichtet. Die heutige Abteikirche stammt im wesentlichen aus der ersten Hälfte des 13. Jahrhunderts, der Westbau mit dem Turm ist etwas älter, der Chor etwas jünger.
Darüber liegt in Marktnähe die Stadtpfarrkirche, die in ihrer heutigen Form zwischen 1469 und 1533 erbaut wurde. Die mit einer Mauer umgebene Stadt Mönchengladbach gehörte zur Markgrafschaft und dem späteren Herzogtum Jülich.

148 Haus Horst

Am heutigen östlichen Stadtrand von Mönchengladbach liegt in der Nähe des Stadtteils Giesenkirchen Haus Horst inmitten einer für den niederrheinischen Herrensitz charakteristischen Parkanlage. Typisch sind die Blutbuchen, die sich deutlich von den übrigen Gehölzen abheben und die Landschaft beleben. Das aus dem Mittelalter stammende feste Haus wurde 1618 neu errichtet und im 19. Jahrhundert historisierend überformt. Ab 1987 wurde das fast schon nicht mehr zu rettende Schloß grundlegend restauriert, und in ihm baute man zweiundzwanzig Wohnungen ein.

149 Haus Zoppenbroich

Der ehemalige Rittersitz an der Niers wird 1405 erstmals genannt. Reste der alten Anlage sind noch in den beiden Ecktürmen erhalten. Die großen, weitläufigen Wasserflächen gehören zu einer ausgedehnten Freizeitanlage, dem Breskespark. Oben am Bildrand sind noch die Gebäude zu erkennen, die das bekannte Gestüt Zoppenbroich beherbergen.

150 Der Flugplatz Mönchengladbach

Von vielen Geschäftsleuten geschätzt wird der an dieser Stelle 1955 eröffnete Flugplatz Mönchengladbach, der noch alle Annehmlichkeiten eines Sportflugplatzes bietet, aufgrund seiner Nähe zu den großen Städten aber immer mehr an Bedeutung gewinnt. Der Platz, auf dem auch Nachtflugbetrieb möglich ist, soll aber zum Regionalflughafen mit Kontrollzone ausgebaut werden, um den Düsseldorfer Großflughafen zu entlasten.

Der Niederrhein zwischen Rhein und Maas

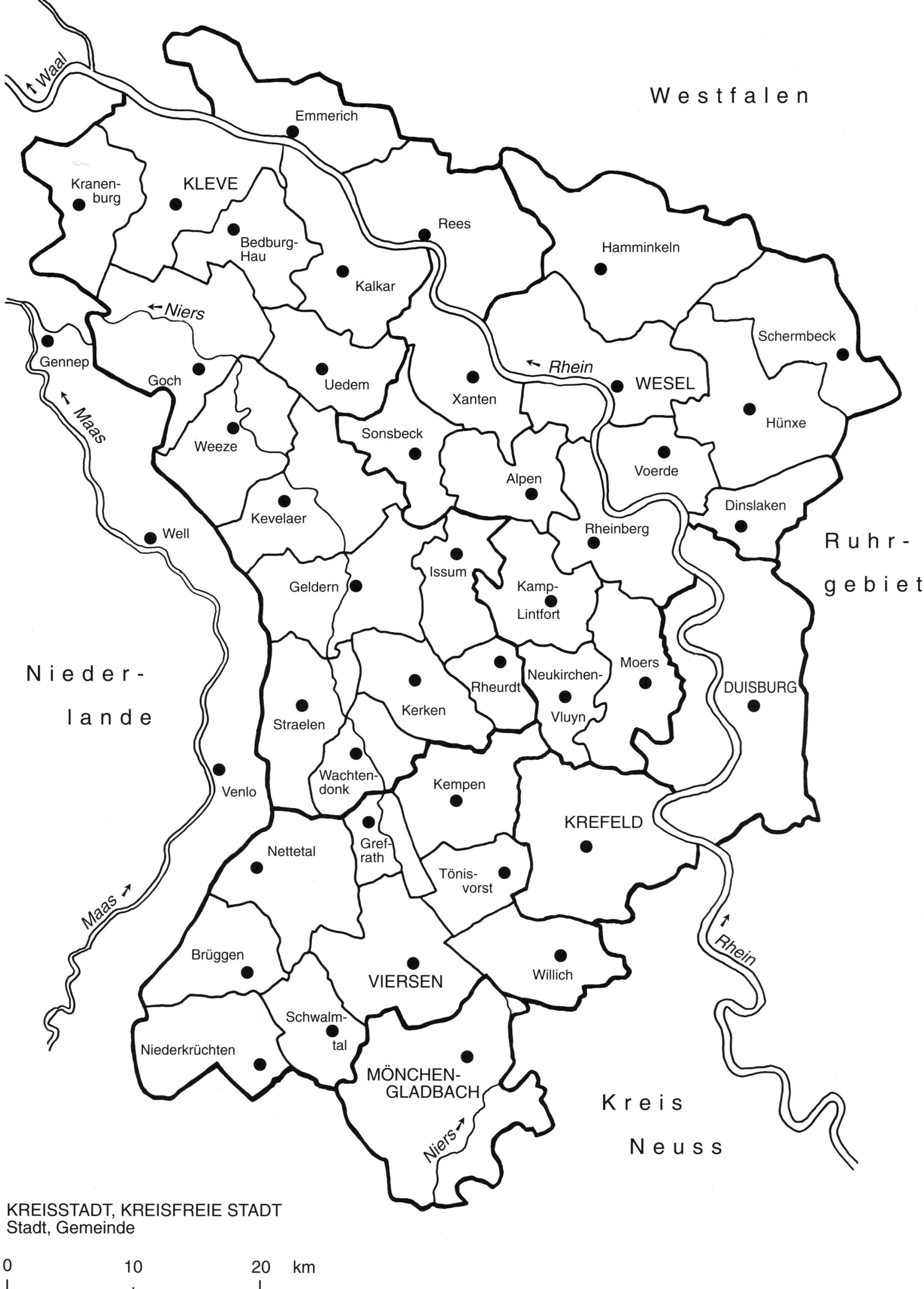

Flug über den Niederrhein
Abbildungsübersicht

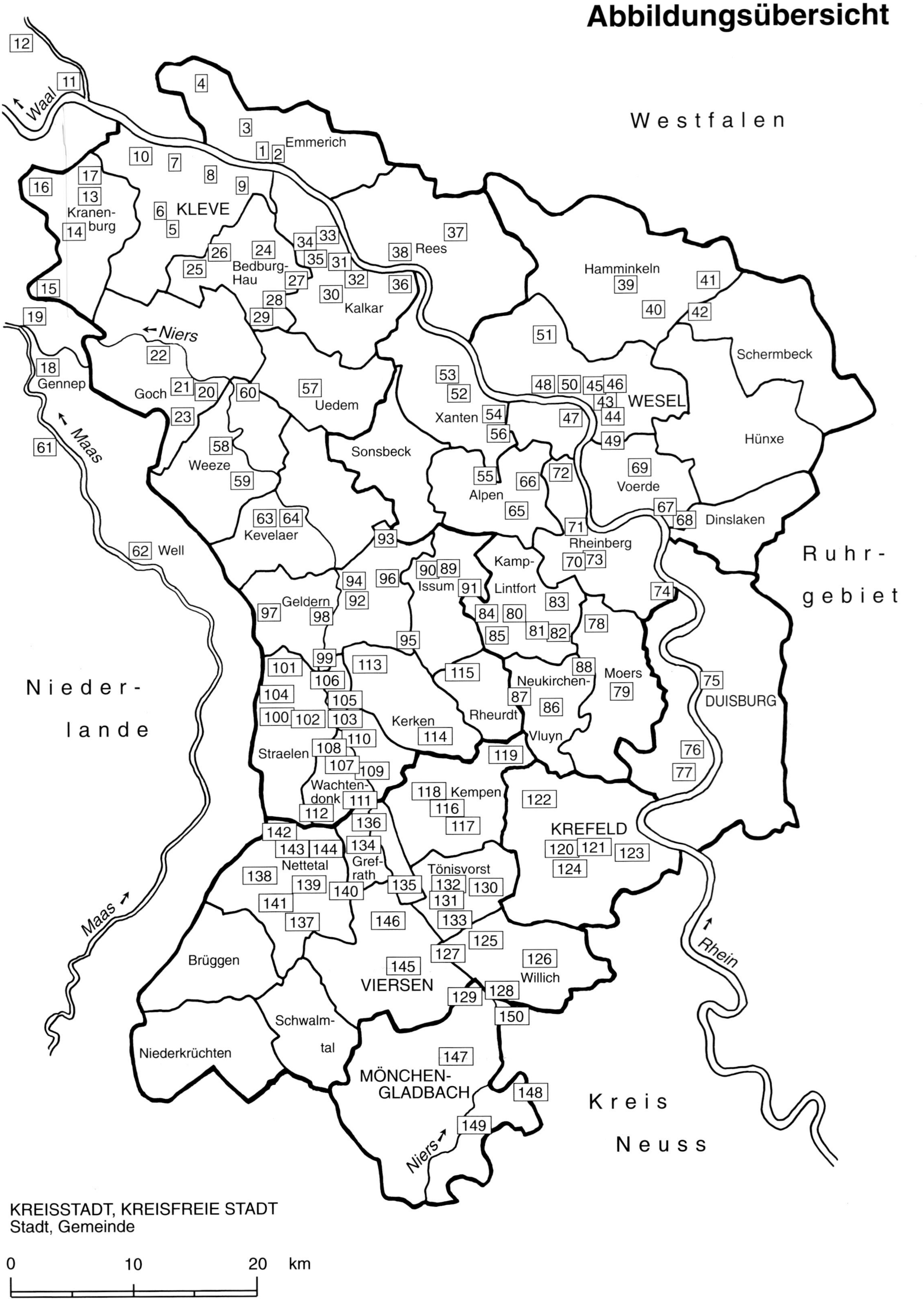

KREISSTADT, KREISFREIE STADT
Stadt, Gemeinde